特色课程建设丛书

丛书主编　杨四耕

陆晔　李芳　陈雪　刘梦莹　胡晓萍　张少灵◎著

因材施教与课程设计

「我的课程」之旨趣

华东师范大学出版社

·上海·

图书在版编目（CIP）数据

因材施教与课程设计："我的课程"之旨趣／陆晔
等著. -- 上海：华东师范大学出版社，2025. --（特色
课程建设丛书）. -- ISBN 978 - 7 - 5760 - 6067 - 6

Ⅰ. G612

中国国家版本馆 CIP 数据核字第 2025SC2619 号

特色课程建设丛书

因材施教与课程设计："我的课程"之旨趣

著　者　陆晔　李芳　陈雪　刘梦莹　胡晓萍　张少灵
责任编辑　刘佳
项目编辑　林青荻
特约审读　陈成江
责任校对　王丽平　时东明
装帧设计　卢晓红

出版发行　**华东师范大学出版社**
社　　址　上海市中山北路 3663 号　邮编 200062
网　　址　www.ecnupress.com.cn
电　　话　021 - 60821666　行政传真 021 - 62572105
客服电话　021 - 62865537　门市(邮购)电话 021 - 62869887
地　　址　上海市中山北路 3663 号华东师范大学校内先锋路口
网　　店　http://hdsdcbs.tmall.com

印 刷 者　常熟高专印刷有限公司
开　　本　787 毫米×1092 毫米　1/16
印　　张　14.5
字　　数　176 千字
版　　次　2025 年 8 月第 1 版
印　　次　2025 年 8 月第 1 次
书　　号　ISBN 978 - 7 - 5760 - 6067 - 6
定　　价　52.00 元

出版人　王　焰

（如发现本版图书有印订质量问题,请寄回本社客服中心调换或电话 021 - 62865537 联系）

目录

第一章　"我的课程"之道 / 001

每一个生命都是不一样的。每一个我都是有力量的学习者,都应该得到平等的尊重。每一个我都是独一无二的存在,都应该得到适宜自己发展的环境。此时代,每一个人都要大声疾呼:"我很重要!"怀着对生命的敬畏,我们始终坚守儿童立场,基于"让每个生命绽放精彩"的办园理念,提出"让每一个生命唱响自己"的课程理念。说到底,"我的课程"是对教育的深刻理解和不懈追求。

第二章　"我的课程"之矢 / 009

课程是儿童的成长跑道。就主体而言,课程目标有普适性、群体性和个体性,它们彼此融合,相互协同,形成支持儿童发展的同心圆。每一个儿童在具体的教育情境中所产生的个性化表现和创造性表达,都是儿童以自己独特的方式在这个世界上的鲜活表征。从目标角度看,"我的课程"为儿童提供了广阔的创造空间,让他们拥有充分展现自己风采的无限可能。

第三章　"我的课程"之器 / 031

"我的课程"关注幼儿学习与发展需求的满足,注重幼儿的个体差异,充分考虑幼儿学习与发展需求的共同性、多元性和个体性特点,搭建课程内容框架,形成共需课程、群需课程、特需课程体系,努力在顶层设计层面满足不同幼儿的发展需求、兴趣、能力和学习速度,支持不同发展水平的幼儿在与丰富多样的环境、材料、同伴和教师的互动中连续性地建构经验,确保每一个幼儿都获得适合自己的发展。

"我的课程"尊重儿童的需求,支持儿童的成长,开展高质量一日活动。从儿童需求出发,关注幼儿学习的过程,强调过程中持续观察幼儿的发展情况,倡导根据幼儿的发展状况,动态调整课程实施。"我的课程"本质是以幼儿全面发展、主动发展和个性发展为内核的螺旋式上升过程。

"我的课程"评价呈现以下特点:一是注重情境的真实性,二是关注发展的过程性,三是着眼改进的形成性,四是主体参与的多元性,五是策略巧用的增值性。真实性评价包括自然状态下的观察与记录、成长档案袋等多种形式;形成性评价为基于幼儿不同需求设计差异教学提供依据;增值性评价从幼儿日常发展状况的分析,发现幼儿的发展与变化。

教育的使命在于发现和挖掘每一个孩子的天赋潜能,为他们的个性发展提供良好机会。好的教育看不到教育的发生,却实实在在地影响着受教育者的心灵。好的课程支持幼儿高质量发展,好的课程发展教师智慧,好的课程促进教师专业成长,好的课程创建家校社协同模式,好的课程让每个家长成为育儿能手。

面向每一个生命的课程

一、问题的提出

在幼儿园一日活动的实践过程中如何将理念落地,在国家课程实施中如何处理幼儿与课程的关系,既体现幼儿立场和幼儿主体,凸显"我的";又实现每个幼儿的发展,落实教育公平,让一日活动真正有效,实现高质量发展,让"每个生命绽放精彩",是我们在教育实践中遇到的真实问题和教育追求。为此,我们嘉定新城实验幼儿园进行了持续十多年的实践与探索,构建"我的课程"并不断优化。

"我的课程"构建和实施主要要解决的问题有三:一是在教育实践中,儿童被作为客观的、对象化的群体,如何打破教师的这种观念,让教师"看见"作为独立个体的儿童,树立"关注每个幼儿"的意识? 二是课程构建如何"基于儿童",如何在课程实施中彰显幼儿的主体性? 三是如何优化课程,给存在差异的幼儿提供能力相当的教育,让课程适应并促进每个孩子的发展?

二、解决问题的过程与方法

"我的课程"建设历经三个阶段。

(一) 观念转化: 让每一个幼儿"看得见"(2010—2012)

教育实践中教师忽略个体,看不到一个个具体的儿童,存在大量"只见森林,不见树木"的现象,"幼儿发展为本"得不到保证。如何在一日活动中"看见"每个幼儿,让幼儿的发展得到支持?针对教育实践中以教师、教参为中心,不见儿童等现象,我园开展了"基于每个幼儿充分发展的教育过程公平实践研究"课题研究。

一是为每个幼儿建立成长档案,共计一千多份,引导教师关注个体并把幼儿的发展现状作为教师实施活动的依据之一,转变教师的儿童观、课程观:幼儿是积极主动的学习者,不是抽象化的"教育对象";每个幼儿的发展水平、发展速率等都是不同的。

二是依托教研活动,研讨个体儿童的学习故事,引导教师形成看见个体需要、关注个体发展的教育观:教师开始"看见"每个独特的幼儿,并形成运用工具观察幼儿的工作习惯。

三是依据《3—6岁儿童学习与发展指南》《上海市学前教育课程指南》等研发各领域活动的观察工具,支持教师在一日活动中观察与记录幼儿的行为表现,养成观察每个幼儿的工作习惯。

(二) 课程激活:让每一个幼儿"活起来"(2013—2017)

课程构建如何"基于儿童",如何在课程实施中彰显幼儿的主体性?我们依托市级课题"基于幼儿学习需求的'我的课程'规划与实施实践研究",对上海市学前教育课程进行园本化实施,构建基于儿童需求的"我的课程"。主要内容有三。

一是厘清幼儿需求与幼儿发展、课程建设之间的关系。注重幼儿内在动机在发展中的作用,认为每个幼儿的需求都有合理之处,成人应尊重和善待每个幼儿的选择。因此,将"满足需求"作为支持幼儿主体性的途径,并基于此构建"我的课程"。

二是基于幼儿需求建构"我的课程"。针对学习需求的多元性和个体性特点,我园开展幼儿需求调查和分析;综合调查结果,明确指向多元特点的幼儿兴趣、爱好以及指向个体特点的幼儿"个性化发展"方向。基于此,构建"我的课程"体系:共需课程满足幼儿的共性学习需求,群需课程和特需课程分别满足幼儿发展的多元性需求,以及个别幼儿发展的独特性需求。

　　三是实践"我的课程",并形成实施策略。基于实践研究,提炼出共需课程的需求分析路径和获取方法,构建出阶梯式、策略化的"幼儿学习需求分析进阶模型",促进教师有序地向"满足需求"的理念方向行动,给予教师行动中的指引。并以此优化"我的课程"组织实施方案,形成"我的学习""我的生活""我的游戏""我的运动"组织实施策略。

(三)需求满足:让每一个生命拥有"获得感"(2018—2023)

　　幼儿作为积极主动学习者的主体性得到充分释放后,在"幼儿发展优先"理念下的教师如何支持每个幼儿全面而和谐的发展,满足每一个孩子的发展需求,实现每一个生命的精彩绽放?

　　我们依托市级课题"指向每个幼儿发展的'我的课程'实施的优化研究",重点研究"如何促进每个幼儿发展",给存在差异的幼儿提供能力相当的教育,让课程适应并促进每个孩子的发展。主要内容如下。

　　一是拓展对"发展"内涵的理解与界定。教育既要让儿童过好当下的生活,又要面向未来的生活。回应 21 世纪人才培养目标和国家核心素养培养目标,参考"儿童发展优先"内涵界定,"我的课程"将"发展"内涵界定为:差异性、主动性、整体性与连续性。

　　二是聚焦保教过程性质量,为每个幼儿的"发展"提供差异化支持。研发多元化教师观察工具,以"专业的观察解读"聚焦对幼儿行为的观察解读;以"有效的跟进支持"的教研活动,形成对幼儿不同发展、不同幼儿发展的差异化支持策略,因人而异、因人施策,让每个幼儿在自身基础上有更好的发展;从儿童经验逻辑的角度对能力发展的梯度进行梳理,实现"儿童发展经验序列化",为教师提供看见幼儿最近发展区、进行有效支持的支架。

　　三是生成课程管理弹性"时空"。从教师主动实施课程的时间、空间、资源等不同角度出发,研究课程管理弹性"时空"并形成相应的课程保障机制,为教师课程领导力的发挥和成长提供支持。

四是完善校家社协同育人机制与策略。发挥幼儿园主导作用:研发《家园双向观察表》及多种形式的家庭教育指导,通过幼儿园和家庭的联动实现对幼儿发展观察解读的科学性、全面性;发挥家长主体责任:将家长视为重要的合作伙伴,注重家庭教育对幼儿的影响力,将对家长的育儿指导纳入幼儿园课程建设的重要环节;发挥社区支持效应:将社区视为丰富幼儿成长经历的重要资源,以幼儿发展的完整性和幼儿体验的多元性为逻辑线,有机串联幼儿园课程与社会资源,建立家校社协同的育人格局。

三、"我的课程"的主要观点与内容

(一)"我的课程"之理论基础

杜威认为,儿童的生长本身就是教育目的,强调儿童身上有着天然的兴趣与本能,它们是儿童的社交本能、制作本能、探究本能和艺术本能。儿童的发展是在先天本能的基础上,通过与环境的相互作用而不断地增加经验的意义的过程。教育应该是通过实践和经验来促进学习和个体发展的过程。社会文化学派注重文化对人的发展的作用,维果茨基认为,"人的发展的源泉是历史过程中不断发展的文化"。生态系统理论认为儿童的发展虽然受直接环境的影响,但同时也受社会文化等宏观系统的间接影响。社会文化隐性地决定了儿童的发展方向与培育目标。因此,"我的课程"以儿童为出发点,尊重儿童发展规律与特点、尊重儿童内在的本能与需求,但并不是单纯地放任儿童,而是要考量社会文化的价值取向与育人方向。

人本主义心理学家强调教育要从人的本性出发,马斯洛将本能的发挥与满足作为人的本性的自我实现,并以需求层次结构来阐释发展的激励机制,即通过满足内在需求来实现人的发展。在落实上海市学前教育课程目标的基础上,幼儿园围绕"让每个生命绽放精彩"的办园理念对上海市学前教育课程进行园本化实施:注重幼儿内在动机在发展中的作用,认为每个幼儿本能、兴趣、需求都有合理之处,成人应该尊重和善待每个幼儿的选择,从而实现每个生命的生长。因而,将满足需求作为落地"幼儿为本"的途径,提出基于幼儿学习与发展需求构建"我的课程"。

　　幼儿学习与发展需求是指3—6岁幼儿在学习和发展过程中为满足自身成长需要而产生的合理的渴望和要求。我园将基本生理需求、归属与安全感需求、探究需求、成就感需求、新体验需求、鼓励需求、责任感需求等界定为幼儿的内在需求。根据需求表现形式,可分为外显需求和内隐需求,外显需求是可直接观察幼儿教育活动当下外在行为表现出来的明显需求,内隐需求是根据幼儿表现出的行为和情绪等推断出来的需求。当需求得到满足时,幼儿在感知体验中获得积极反馈,构建积极的自我感觉,激发幼儿主动的意愿与行为。(见下表)

幼儿内在需求及满足途径

类　型	表　现　行　为	满　足　途　径
基本生理需求	幼儿在饮食、饮水、睡眠、排泄等方面表现出来的行为。	从容的一日活动
归属与安全感需求	幼儿渴望与教师、同伴建立温暖、稳定、安全、积极的关系。	支持的心理环境 成人、同伴的肯定
探究需求	幼儿持续对某一事物或现象表现出兴趣。	低结构材料与活动 成人的支持
成就感需求	幼儿通过自身努力,从而实现自己的想法,发挥自己的能力。	支持的心理环境 自主评价
新体验需求	幼儿主动努力地探索、学习新的经验。	开放的环境与活动
鼓励需求	幼儿为了追求鼓励和表扬表现出的积极行为。	成人、同伴的肯定
责任感需求	幼儿主动积极地争取照顾自己、服务他人等机会。	集体生活

　　基于儿童学习与发展需求的幼儿园课程实践,是将"幼儿发展为本"理念落地的课程构建方式之一,是从"学科逻辑"课程到"幼儿经验"课程转变的探索。

（二）"我的课程"之主要观点

观点一：基于幼儿需求的课程实践是从"儿童经验"出发的课程。每个幼儿的学习与发展需求都是合理的，成人应该尊重和善待每个幼儿的选择，从而实现每个生命的生长。基于幼儿学习与发展需求的幼儿园课程实践，是国家课程园本化实施过程中建构"幼儿经验"课程的形态之一。

观点二：幼儿发展有广泛的个体差异，高质量课程实施应尊重这种差异。每个幼儿都是不同的，高质量的课程实施应当接受并尊重幼儿发展的个体差异，以不同的目标、内容和方式支持不同的幼儿。通过创设多层次的环境、提供多样化的材料和活动，支持幼儿根据自己的发展需要进行选择，引导幼儿根据自己的节奏全面而和谐地发展。

（三）"我的课程"之研究成果

十多年的实践探索，我园通过顶层设计在前，创新实践和反思调整动态跟进，阶段中及时梳理总结，形成了以下研究成果。

1. 基于幼儿不同需求构建"我的课程"

首先，我园确立"尊重儿童的需求，支持儿童的成长，成就完整的儿童"的教育理念，提出让每个幼儿"唱响自己，个性生长"的课程观，确立课程目标：对幼儿进行综合素养启蒙，促进幼儿全面且可持续地发展，培育"爱生活、有主张、喜探究、愿交往"的幼儿。

其次，形成指向全体幼儿的共需课程、指向群组及个体幼儿的群需课程及特需课程。其中，共需课程是指为满足全体幼儿终身发展所需的基本经验而设置的课程，是我园的共同性课程。该类课程以上海市二期课改的共同性课程为蓝本，旨在通过生活、运动、游戏、学习四类活动，满足我园每个幼儿学习与发展的共同需求，赋予幼儿自主选择和主动成长的权利，让幼儿得到全面和谐的发展。群需课程是指满足幼儿多样兴趣、多元需求的课程。特需课程是指满足个体幼儿持续发展的独特需求的个体特需活动。（见图1）

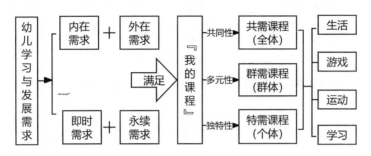

图1　"我的课程"内容结构图

2. 基于幼儿发展需求的课程设计模型

基于实践研究,提炼出共需课程的需求分析路径和获取方法,构建出阶梯式、策略化的"幼儿学习与发展需求的课程设计模型"。该模型分为幼儿学习需求观察、幼儿学习需求解读、幼儿最近发展区定位、一日活动实施四个阶段,既阐明整个需求分析的路径,还表明需求分析和获取的方法。(见图2)

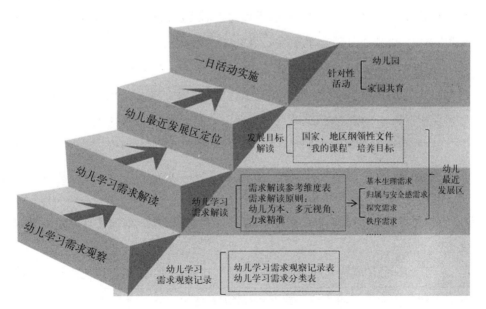

图2　幼儿学习与发展需求的课程设计模型

第一阶段,幼儿学习需求观察。基于多元主体观察和记录幼儿的需求。教师运用幼儿学习需求观察记录表以及幼儿学习需求分类表等工具观察幼儿的在园行为;家长通过问卷调查、家访对话等方式补充幼儿在家表现;幼儿通过讨论会、建构作品、需求表达墙面等表达需求。教师结合三方信息,全面观察和记录幼儿的学习需求。

第二阶段,幼儿学习需求解读。教师利用幼儿学习需求解读参考维度表,将行为主义学习理论、人本主义取向学习理论、认知心理学学习理论、建构主义心理学学习理论作为理论框架,从学习方式、气质特点、兴趣取向、经验水平等角度系统全面解读驱动幼儿行为和语言背后的真实需求。

第三阶段,幼儿最近发展区定位。教师对照幼儿发展目标,也就是我园定义的外需需求,结合幼儿学习需求解读结果,明确幼儿现有发展水平和在教师支持下可发展状态之间的距离。

第四阶段,一日活动实施。教师在清晰幼儿最近发展区的基础上,进一步分析哪些需求通过家园共育予以满足,哪些需求需要进入幼儿园课程,进而从"我的课程"中定位能够满足幼儿学习需求的活动内容。

通过闭环运作支持教师课程实施中以幼儿学习与发展需求为先,促进教师有序地向"满足需求"的理念方向行动,给予教师行动中的指引。模型也能够提醒教师辩证和智慧地处理好幼儿需求与教师活动之间的关系,提醒教师不一味以需求马首是瞻,凸显课程的育人价值,确保活动的方向性和目的性,促进幼儿的全面和谐发展。

3. "我的课程"之差异化实施

第一,落实共需课程过程中,要注意差异化实施原则,辩证处理好以下几对关系。

一是教师的体察性与幼儿的诉求性统一。观察、发现、识别幼儿需求是教师从成人视角主动关照幼儿的一种方式,幼儿表达需求是从儿童视角主动表达自我的一种方式。因此,"体察需求"与"表达需求"是教师识别发展需求、基于幼儿学习与发展需求进行课程设计的两种路径,其相辅相成。体察需求包括三方面的含义:(1)以幼儿为本,建立包容和理解的心理状态;(2)在一日活动中对幼儿进行过程性观察,记录幼儿真实表现,与同事、家长、幼儿等不同个体进行交流,建立对幼儿的全面认识;(3)以《3—6岁儿童学习与发展指南》《上海市幼儿园办园质量评价指南》等政策文件为依据进行解读。教师的幼儿学习需求的工具见《幼儿学习需求观察记录表》。表达需求包括两方面含义:(1)幼儿有权知道与自己相关的幼儿园的一切事情,教师在平等的对话活动中与幼儿共享时空、信息。(2)幼儿表达自己的想法、意愿、观点或意见;教师在接纳幼儿的表达中充分倾听,征询并尊重采纳幼儿的意见。幼儿表达需求的方式包括绘画、讲述等,教师可通过创设墙面环境、活动后的分享、活动过渡环节中的对话等了解幼儿需求。

二是发展的全面性与成长的特殊性统一。基于幼儿年龄特点和幼儿学习与发展需求的共同性特点,"我的课程"实施中教师要把握《3—6岁儿童学习与发展指南》目标在培养幼儿中的各领域学习与发展需求,关注幼儿发展的全面性,以五育并举的教育目标为导向,注重课程安排的平衡性与课程实施的均衡性,促进幼儿全面均衡发展。同时,基于幼儿学习与发展需求的共同性、多元性和独特性,"我的课程"实施中在关注幼儿全面发展的基础上,还要关注幼儿发展的个体差异,尽可能尊重幼儿因先天和环境影响而形成的独特性,满足幼儿发展中的多元化、个性化需求,实现幼儿全面发展与个性化发展的统一。

三是活动的丰富性与学习的选择性统一。"我的课程"中共需课程、群需课程和特需课程为幼儿提供丰富多元、可供体验操作的各类环境材料,提供生活、游戏、运动、学习领域均衡的内容与机会,提供集体、小组、个别化的组织形式,为幼儿全面发展提供可能性。"我的课程"尊重幼儿自主选择、主动参与一日活动的权利,在"表达需求"之后形成幼儿"选择参与"的行动:幼儿发起、选择、决定的活动内容与组织形式、环境和材料、合作的同伴和成人等,教师相信幼儿有能力作出决定,支持幼儿的选择与学习探究;幼儿对一日活动的过程进行自主评价,教师则充分保障幼儿参与评价的机会。

四是儿童的主体性与教师的主导性统一。幼儿与教师是平等的主体,两者在交互中共同成为课程实施的主体。在教师主体与儿童主体的统一中,师幼关系是核心。"我的课程"主张师幼之间是相互平等的关系。教师平等对待每一名幼儿,尊重幼儿的已有经验与经历,相信幼儿是有能力的学习者,赋予其表达需求的机会。在课程实施中,教师既要关注课程的预设,同时也要有机地将幼儿生成融入一日活动。即:教师结合对幼儿的表达和自己的观察来发现、识别幼儿的需求,并能够尊重幼儿学习与发展中的需求,依据幼儿即时表现出的需求内容指向,来灵活调整预设的课程内容,动态地选择与幼儿即时生成的需求相适宜的课程实施路径,善于根据幼儿的学习及发展中的各类需求,来改变活动的组织形式。在预设与生成的不断平衡中,师幼共建、动态实施。

第二,在落实群需课程、特需课程的过程中,"我的课程"实施策略如下。

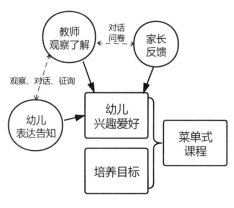

图3 "菜单式活动"内容来源

一是群需课程:多样自主的选择。群需课程是我园以幼儿自主意愿、兴趣爱好为维度开发的,指向幼儿话语权、决定权和个性发展权。其内容包括三大板块:共同生活、探索世界、表达表现,各板块下依据幼儿兴趣与发展需求动态设计活动。其中,比较有特色的是菜单式活动,即每学期开始时幼儿进行自主选择,实施全园走班制,支持不同幼儿的发展。(见图3)

二是特需课程:"一生一策"的思路。为在学习与发展中有特殊需求的幼儿建立个案,以"一生一策"的形式跟踪指导,并通过"五位一体",即教师、保育员、家长、保健老师、专家聚焦的研究和实践,深入了解其发展需求,科学制定有效的家园活动,保障每一个幼儿的公平发展。(见图4)

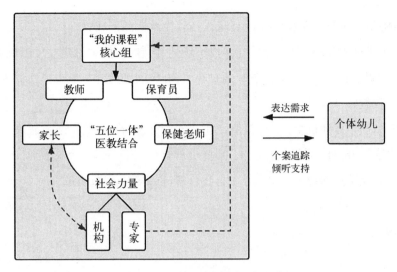

图 4 "一生一策"的特需课程实施路径

4. "幼儿发展—课程生长—教师成长"交互作用模型

我园课程优化过程中充分考虑幼儿心理发展的次序以及教师实践需求,将幼儿的经验建构视为不断变化、螺旋式上升的过程。教师重视幼儿的已有经验,在活动设计与安排上满足不同幼儿的兴趣与需求,课程实施具有很大的灵活性,从而调动幼儿学习的主动性和积极性。在这一过程中,我园逐步形成以"绽放每个生命精彩"为追求,以幼儿发展为出发点,明确课程优化的生长点,助推教师持续成长的交互作用模型。(见图 5)

图 5 "幼儿发展—课程生长—教师成长"交互作用模型

图 5 中,儿童发展是核心,在教师与课程的交互中实现儿童的发展,同时,教师与儿童是双向互动的关系,课程与儿童在交互中起到课程引领儿童、儿童生成课程的模式。

5. 形成一套提升教师课程领导力的保障机制

第一,课程管理机制:弹性时空。基于幼儿学习需求的"我的课程"的实现呼唤支持师幼自主领导课程的弹性时间、空间,为此我园形成弹性时空——基于幼儿发展需求弹性调整一日作息中的时长、场地、内容等,但同时建立反思机制,以确定弹性调整的适切性与合理性。通过在时间、空间和内容上形成弹性课程管理机制,赋权教师、赋能幼儿。

第二,质量自评机制:过程监测。我园创新符合"我的课程"质量管理要求的计划—调研—研讨—报告"四环节"保教质量自评机制,依托"每周管理计划"和"每周课程实施反馈报告",引领教工自我管理,自主精益保教质量。

四、实施效果

本成果自 2010 年起,就在我园、集团园、区内及本市同行园边研究边实践,不断检验优化成果。至今,取得卓越成效。"我的课程"相信、尊重、追随儿童,为落实"幼儿为本"提供一套系统可操作的课程实施方案,支持每个幼儿发展。

第一,唤醒幼儿生命潜能,让每个幼儿绽放独特的精彩。"我的课程"充分体现幼儿主体,支持和保障其在课程中的权利,幼儿生命潜能激活,自主性充分发展,每个幼儿都得到充分发展。多年来,家长满意率高于 99.9%。上海市一位资深特级教师是这样评价的:"新城实幼孩子呈现出国家要培养的典型儿童形象。"

第二,激发教师专业内生力,让每个教师踏上自主成长的跑道。教师以幼儿需求和权利为切入点,让满足幼儿个体需要、支持幼儿主动学习的理念落地。教师专业水平提升,十年间为全区输送 13 名正副园长。近五年,4 名教师获上海市中小学中青年教师教学评选活动一等奖、二等奖;6 名教师获评区学科带头人、15 名教师获评区骨干教师、20 名教师获评教学新秀;1 人评为正高级教师、6 人评为高级教师。2018 年,教师获教育部颁发的全国优秀案例奖。我园教师立项市级、区级课题 20 余项;60 余篇科研文章在各级刊物发表。

第三,提升幼儿园示范影响力,为构建幼儿为主体的课程形态提供典范。相关成果获得上海市基础教育教学成果奖一等奖,上海市第七届学校教育科研成果奖二等奖,连续三届获嘉定区教科研成果一等奖、嘉定区首届教育教学成果特等奖等;幼儿园先后被评为上海市文明单位、上海市家庭教育工作示范校(2023—2027年)、上海市教师专业发展学校暨见习教师规范化培训基地学校、上海市"三八红旗集体"、上海市"巾帼文明岗"、上海市语言文字规范化示范校、上海市花园单位、嘉定区第四届政府质量金奖、嘉定区教育综合改革示范校、嘉定区教育系统办学优秀单位等,办园成效得到社会、家长的高度认同。

相关成果多次在国际、全国、市级与区级研讨会等教育类会议中进行展示与交流,如:在捷克举办的OMEP国际会议交流;多次开展跨省市、跨区县的课程展示,向上海16个区、全国25个省市相关园推广影响。同时,作为嘉定新城学前教育集团引领园,带领区域18所成员园协同发展,集团化办学成果多次在市、区层面进行展示汇报。集团内教师持续成长,多人在市、区比赛中获奖,40多人获区学科带头人、区骨干教师和区学科新星称号。

第一章

"我的课程"之道

　　每一个生命都是不一样的。每一个我都是有力量的学习者，都应该得到平等的尊重。每一个我都是独一无二的存在，都应该得到适宜自己发展的环境。此时代，每一个人都要大声疾呼："我很重要！"怀着对生命的敬畏，我们始终坚守儿童立场，基于"让每个生命绽放精彩"的办园理念，提出"让每一个生命唱响自己"的课程理念。说到底，"我的课程"是对教育的深刻理解和不懈追求。

| 第一节 |
"我"很重要

上海市嘉定新城实验幼儿园的历史,可以追溯至创办于 1963 年的嘉定县职工幼儿园,1990 年、1993 年先后更名为嘉定区(县)实验幼儿园,2002 年被评为上海市示范性幼儿园。2010 年,嘉定区实验幼儿园开办新城部,2011 年开办格林部。基于上海市学前教育快速发展和嘉定新城教育现代化的推进与综合教育改革,以及老百姓对优质教育的需求,经区政府批准,2016 年 8 月嘉定区实验幼儿园的新城部独立建制,设立"上海市嘉定新城实验幼儿园",有新城部、格林部两个园区。2017 年 8 月,位于德富路的花园部开办,幼儿园设新城部(洪德路 933 号)、格林部(塔城路 516 号)、花园部(德富路 930 号)三个园区,含托、小、中、大四个年龄段,确立了"一园三部"办园格局。

在嘉定新城实验幼儿园,每一个"我"都很重要。成长是人类的本能,每一名幼儿都是自己发展的主人,而不是等待着被教育的对象。幼儿园教育应为每个主动发展的"我"提供适宜的土壤,满足其全面、主动、差异发展。面对每一个不同的"我",嘉定新城实验幼儿园在"面向全体,因材施教"的教育思想下,从儿童视角出发,大声疾呼:"我很重要!"我们以"真我教育"为办园哲学,致力于让幼儿在获得全面和谐发展过程中所必须的基本经验的同时,实现自身潜能和个性的最大化发展。

"真我教育"是活教育,激活潜能。我们强调教育应该是动态的、发展的,而非静态的、固定的。在嘉定新城实验幼儿园,我们相信每个幼儿都是活生生的个体,他们的兴趣、能力和需求都在不断发展。因此,我们的教育非常注重激发幼儿的好奇心、维护幼儿持续探究的动力,支持幼儿探究、试错、重复等行为,让每个幼儿在丰富的活动中充分探索、在具身性的体验过程中自主成长,为幼儿成长为适应未来社会的终身学习者奠定基础。

"真我教育"是宽教育,丰富经历。我们强调教育应为幼儿提供丰富多样的经历和体验。我们认为,每个幼儿都应该有机会接触多元的信息及资源,在亲身经历和体验中开拓眼界、增长见闻。我们通过多种途径,组织各种园内园外的实践活动,让资源走进幼儿园、让幼儿走出幼儿园。通过拓宽幼儿视野,丰富幼儿经历,在生命早期为他们的全面发展及良好适应能力的培养等夯实基础。

"真我教育"是魅教育,关注个性。我们强调教育应基于每个幼儿不同的个性特点、发展速率等因材施教。我们相信,每个幼儿都是独一无二的,都有自己的特点和优势,关注个性的教育能够让每个幼儿都获得理解和支持。我们通过对幼儿个体的观察解读、一对一倾听等,抓住一日活动中幼儿感兴趣或者有意义的问题和情境,通过项目化学习等多种途径支持每个幼儿的主动学习,让幼儿在成功的体验中培养自尊、自信等品质,获得自身最大最好的发展。

"真我教育"是暖教育,关爱每一个。我们强调教育应充分关爱、呵护每一个幼儿健康快乐成长。在嘉定新城实验幼儿园,每个保教人员都致力于营造平等、温馨、和谐、充满爱和信任的环境,让每个幼儿都感受到爱与尊重。我们建立儿童权利金字塔,搭建"知晓—选择—决定—评价"的幼儿参与路径,落地多种举措在幼儿园实现对每个幼儿的尊重和支持,让幼儿在充满爱的环境中,在亲密的、支持性的师幼、幼幼关系里健康快乐地成长。

"真我教育"是众教育,多维主体。我们强调教育应是由多维主体组成的共同体。教育不仅仅是幼儿园和教师的责任,家庭、社区、社会都是重要的教育参与者。我们通过家园合作、社区参与、社会资源引入等方式,构建园家社协同育人、全方位育人的教育生态。我们相信,只有当家庭、幼儿园、社会都参与进来,共同为孩子们的教育负责,我们才能真正实现对每个幼儿成长的最大支持。

第二节
每一个都精彩

叶澜教授说过:"学校教育是直面人的生命。通过人的生命,为了人的生命质量的提高而进行的社会活动,是以人为本的社会中最体现生命关怀的一种事业。"①怀着对每个生命的敬畏,嘉定新城实验幼儿园始终坚守儿童立场,在"真我教育"哲学引领下,以"让每个生命绽放精彩"为办园理念,致力于用高质量的教育实现每个生命的精彩绽放,包括绽放每一个孩子的精彩,让孩子成为发展主人;绽放每一位教师的精彩,让教师成为教育高手;绽放每一位家长的精彩,让家长成为育儿能手。

"让每个生命绽放精彩"的办园理念可追溯至本部创建伊始。我园坐落于嘉定新城美丽的远香湖畔,这里河湖相连、波光摇曳,绿树成荫。然创建之初新城地区尚待开发,在工地和农田中的幼儿园宛如一座小岛茕茕孑立,唯有绿荫环绕。有别于成熟社区里相对稳定的居民群体和相似的家庭结构,当时第一批来园就读的孩子来自截然不同的家庭背景和成长环境,还包含需特殊照料的幼儿。要带好一个班级,就势必要关注到每个截然不同的孩子:班级里每个孩子的成长需求是什么? 如何看到每个孩子的需要? 如何支持和满足每个孩子健康快乐成长?

创办那年(2010 年),时值上海市颁布《上海市中长期教育改革与发展规划纲要(2010—2020 年)》,提出"坚持以人为本、促进公平"的指导思想和"为每一个幼儿健康、幸福成长实施快乐的启蒙教育"的重点任务,其中蕴含着教育公平,特别是教育过程公平的思想,恰恰契合了当时在我园就读幼儿的成长需要,深深打动了教师们的心。

每一个生命都是一样的。每一个"我"都是有力量的学习者,都应该得到平等

---

① 叶澜. 时代精神与新教育理想的构建——关于我国基础教育改革的跨世纪思考[J]. 教育研究,1994 (10):3 - 8.

的尊重和机会。每一个生命都是不一样的。每一个"我"都是独一无二的存在,都应该得到适宜自己发展的环境。

出于看到和支持每一个"我"的迫切渴望,我们顺应教育改革发展的要求,深入开展了课题"基于每个幼儿充分发展的教育过程公平实践研究"的探究,旨在通过研究让每一名幼儿在保教活动实施中都能通过活动获得同等发展的条件和机会,都能最大限度地发展自身个性和潜能,达到最好的发展水平和状态。伴随实践研究的过程,"为了每一个孩子充分发展"的教育公平理念逐渐被教师所认同。同时,教师将教育公平理念贯彻落实于实践,活动实施开始关注每一个幼儿,努力为每一个幼儿创设同等的学习和发展的机会,让每一个"我"精彩绽放。

就这样,对每一个幼儿的关注、对教育公平的追求和对因材施教的探索,自办园之始就深深地镌刻进幼儿园的基因之中,在嘉定新城实验幼儿园这片教育热土上萌芽、勃发、向上,最终生长为"让每个生命绽放精彩"的办园理念,深深扎根于每一个人的心田,树立起嘉定新城实验幼儿园每个成员共同的精神图腾。

| 第三节 |
唱响生命的旋律

"我的课程"缘起于我们对教师保教实践中教育公平思想贯彻问题的反思:在各类课程的实施中,是否每一个幼儿能够受到适当的教育,活动的过程是否能够尊重每一个幼儿的特点和需要,满足幼儿丰富的学习与发展需求获得充分发展的条件和机会呢?

依据《中国教育现代化 2035》"普及有质量的学前教育"和《上海市基础教育改革与发展"十四五"规划学前教育规划》,立足《上海市学前教育课程指南》"幼儿发展为本"理念以及上海市"十四五"规划"幼儿发展优先"的精神,基于"让每个生命绽放精彩"的办园理念,彰显"每个孩子都是独特的个体"的儿童观,遵循"尊重儿童的需求,支持儿童的成长,成就完整的儿童"的教育观,"我的课程"提出"让每一个生命唱响自己"的课程理念。

在这里,课程即生命眷顾,彰显课程目标观。"我的课程"目标是培养全面发展的幼儿,这不仅包括成长经验的积累,更涵盖体智德美劳等全方位的成长。课程设计致力于营造一个支持性学习环境,提供充分的自主选择机会,满足幼儿不同的学习需求,支持每个幼儿在适合自己的节奏下成长,迈向自身最大最好的发展。

在这里,课程即生活场景,彰显课程内容观。我们相信,最好的教育来源于生活。因此,"我的课程"内容紧密贴合幼儿的生活经验,将日常生活场景融入教学之中。通过主题学习、项目化学习等不同的方式,在幼儿熟悉的生活场景中敏锐捕捉教育契机,使幼儿在生活和游戏中自发、自然地学习。这样的课程内容源自幼儿生活、适应幼儿发展需要,支持幼儿在体验中发现,在探究中发展。

在这里,课程即唱响自我,彰显课程实施观。在"我的课程"实施过程中鼓励幼儿"唱响自我",表达自己独特声音和想法。我们通过建立儿童权利金字塔,并提炼儿童"知晓—表达—决定—评价"参与路径引领实践行动,通过项目化学习等多种实施方式,让幼儿有机会主动发起学习、主导学习,实现每个幼儿的自我表达和自我实现。在这样的课程实施过程中,幼儿不仅能够发展经验,还有机会发展勇敢自信的品质、批判性思维以及问题解决能力等未来社会的必备素养。

在这里,课程即个性生长,彰显课程评价观。"我的课程"强调过程性评价以及自我评价。不仅关注幼儿知识和能力发展,更重视幼儿情感、素养和品质发展。我们通过幼儿自评与互评、成长档案、家园双向观察等多种方式,全面了解每个幼儿的发展状况,为他们提供差异化、个性化指导和支持。我们相信,好的评价应当帮助幼儿更好地彰显己之所长,培养自尊、自信的品格,相信"我可以"。

总之,"我的课程"是我们对教育的深刻理解和不懈追求的体现。我们希望通过对国家课程的园本化实施,能够让每一个幼儿在尊重、关爱和支持的环境中健康成长,让他们生命的天籁在教育的舞台上唱响。最终,我们将课程理念凝练为

"让每一个生命唱响自己",内涵阐释如下。

"唱响自己",是指"我的课程"尊重幼儿的个体差异,保障幼儿的基本权利,发现、识别、支持和满足幼儿多样化学习与发展的需求,让每一个幼儿获得全面且可持续的发展。

"每一个生命",是指"我的课程"提供多元、均衡、互补的各类活动,增强课程的选择性、丰富性和适应性,在课程的差异化实施中让每一个幼儿焕发生命活力、绽放精彩。

在"让每一个生命唱响自己"的课程理念下,我们认为,课程的第一智慧是促进幼儿全面和谐发展。幼儿身体(生理、身体运动能力)、心理(认知、情感)和社会性等方面的发展是一个整体,是相互依存的,任何一方面的缺失都会阻碍幼儿其他方面的进一步持续发展。教育需要为幼儿提供全面和谐发展所需的丰富的物质环境以及同伴交往机会,为幼儿提供充足的自主选择和表达的空间,支持幼儿各个方面的和谐发展。课程的第二智慧是相信幼儿是主动且有力量的学习者。幼儿通过环境、活动、与成人和同伴之间的互动,从自己的所见、所闻、所作和所体验到的一切中建构概念、认识自己、发展能力。教育需要与幼儿的生活紧密联系,以幼儿喜欢的形式为幼儿积极主动地与周围的人、事、物充分互动提供充足的机会,在活动中亲身感受,在体验中自主发展。

"我的课程"倡导因材施教,主张教育需要针对每一个幼儿的个性特点和发展需求给予适宜的支持和引导,根据每个幼儿的不同样态提供适宜的教育,这是科学发展观的基本要义,同时还是马克思主义教育观的最高境界,学校教育必须提供足够的空间,让每个人的才智、个性品质获得充分发展。

在因材施教的基础上,"我的课程"倡导因势而为。教育需要基于幼儿的真实需求和当下的真实体验,把握住转瞬即逝的教育契机,在幼儿的具身体验中顺势而为、因势利导,巧妙地将不同特点的施教个体扩大到不同类型的施教群体,让每个幼儿在共同生活和游戏中,自然而然地获得基于自身的最大最好发展,在幼儿园实现大规模因材施教。

第二章

"我的课程"之矢

课程是儿童的成长跑道。就主体而言,课程目标有普适性、群体性和个体性,它们彼此融合,相互协同,形成支持儿童发展的同心圆。每一个儿童在具体的教育情境中所产生的个性化表现和创造性表达,都是儿童以自己独特的方式在这个世界上的鲜活表征。从目标角度看,"我的课程"为儿童提供了广阔的创造空间,让他们拥有充分展现自己风采的无限可能。

博比特把课程比作"跑道"，课程目标是"跑道"的目的地，只有方向明确了，我们才能明晰如何为每一个儿童构建因材施教的成长跑道。①课程目标主要有三个层次的分类，分别是普适性、群体性和个体性课程目标。它们彼此之间的关系、相互的融合以及协同的运作构成了课程目标的内涵。

一般而言，我们称普适性的目标为国家统一要求的育人目标。当下中国学前教育的目标纲要主要以《3—6 岁儿童学习与发展指南》为主，是上海市幼儿园普适性课程目标制定的核心依据。

群体性目标主要指由园所差异和班级差异构成的具有园本和班本差异的目标。幼儿园因为园所的办园理念和育人文化的不同，制定课程目标时在目标的侧重点、目标的广度和深度等方面将有所不同。即使在同一个幼儿园，由于儿童的家庭、社区等养育环境的不同，以及陪伴儿童成长的成人对儿童具有差异性的影响，各班级儿童的成长需求也略有参差。所以，群组性课程目标充分体现了课程目标的园本化和班本化特点。

个体性课程目标指向了每个儿童独特的发展特点。儿童是独一无二的生命个体，每个人的发展速度、内容和方式都不尽相同。普适性课程目标的落实需要尊重个体的发展需求，允许儿童按照个体的发展规律循序渐进地科学发展。个体性课程目标的实现，既是大面积因材施教的基础保证，更是核心所在。

普适性、群体性和个体性课程目标三者之间的关系可以比作三个套叠在一起的同心圆：最外圈是普适性目标，即每个儿童都需要达成的课程目标，是国家和社会对儿童发展的要求，属于社会导向目标。居于内核的是个体性课程目标，是基于儿童身心发展规律形成的目标。普适性课程目标从宏观层面调控课程目标的整体方向，个体性课程目标从微观层面保障幼儿园课程实施的科学性和有效性。群体性课程目标则是中观层面的目标，根据园所文化、班级的教育资源决定课程

---

① 郑国民，刘幸.博比特以及他所开创的现代课程理论[J].课程·教材·教法，2016，36(8)：122 - 127.

内容的选择和取舍。

可见,幼儿园课程目标不是由单一元素构成,而是多要素构成的系统。同时,儿童发展是一个动态的变化过程,所以幼儿园课程目标并非制定了就一成不变,恰恰相反,是一个动态运作的系统。

上述三个层面的课程目标不是各自为政、孤立存在的,而是相互影响、彼此制约、动态变化的合集。在"儿童发展优先""儿童友好"等理念的照拂下,幼儿园课程目标系统的运作应以处于内核的个性化目标为核心,以普适性目标为方向,带动群组性目标以螺旋的方式向纵深方向运转。

课程目标的运作轨迹不是简单的直线,而是螺旋式的迂回,因为儿童的发展总是在起伏、反复的变化之中,所以"量身定制"的课程目标也将以迂回的动线建构而成。虽然每个儿童的发展路径和达成的阶段性目标呈现不同的态势,但最终达成的目标是一致的。为此,普适性目标在大面积因材施教过程中的宏观调控显得尤为重要,其把控了课程实施的方向。

幼儿园课程目标设计有三种基本模式:一是行为目标模式,以儿童具体的、可被观察的行为表述的课程目标。它指明课程实施以后儿童身上所发生的行为变化。就像为孩子们的成长绘制了一幅清晰的路线图。把课程目标具体化为孩子们可以表现出的实际行为。这种模式的目标非常明确,具有精确性、具体性和可操作性,能够清楚地说明儿童在学习后应该能够做什么,教师能够很容易地判断孩子们是否达到了目标。它强调目标的达成度,便于对儿童的学习成果进行测量和评价。二是生成性目标模式,它不是预先设定的,而是随着教育活动的展开,由师生共同构建的。在教育过程中,教师和孩子们共同探索、共同发现,目标不是预先设定好的,而是在这个过程中自然而然地产生。这种模式充分尊重了孩子们的好奇心和主动性,让学习变得更加生动有趣。关注儿童的学习过程和兴趣,注重在活动中根据儿童的反应和需求灵活调整目标。充分发挥儿童的主动性和创造性,让儿童在探索和发现中学习。三是表现性目标模式,指每个儿童在具体的教育情境中的个性化表现,它强调儿童的创造性和个性表达。

其不追求统一的结果,而是鼓励儿童以自己独特的方式表现对学习内容的理解和感受。这种模式目标具有较大的弹性和开放性,为儿童提供了广阔的创造空间,注重培养孩子们的创造力和个性,让他们在学习中充分展现自己的风采。

在学前教育不断发展与创新的进程中,"我的课程"目标制定经历了丰富而深刻的迭代发展。从初创期的初步探索,到成形期的系统构建,再到发展期的持续优化,每一个阶段都承载着对幼儿成长的深切关怀与不懈追求,为幼儿的全面发展与个性绽放铺设了坚实的道路。

其中,初创期主要响应教育政策要求,以课题为引领探索教育过程公平。我们开始关注每一个幼儿在一日活动中的发展机会,努力为幼儿创设同等的学习和发展条件。初步解决了教育公平理念在实践中的落地问题,让教师开始关注每一个幼儿,为幼儿的全面发展奠定基础。

成形期,此阶段主要系统构建以幼儿需求为导向的"我的课程"。我园结合办园理念提出"让每一个生命唱响自己"课程理念,架构基础性课程和选择性课程,尊重幼儿参与权利,形成需求"参与路径"。这一阶段明确了课程目标为关注和满足幼儿学习与发展需求,让幼儿在获得全面和谐发展的同时,实现自身潜能和个性的最大化发展,解决了如何在课程中尊重幼儿特点和需求的问题。

发展期,此阶段以具体的活动为切入点,探索不同形态活动中幼儿的发展路径,进一步探究新时代背景下"幼儿发展"的新内涵。我们从关注幼儿学习品质与能力发展,到研究基于每个幼儿的教育活动动态实施调整,再到探索每个幼儿的主动发展和可持续发展。此阶段我们拓展对幼儿发展的认知,解决了如何在"我的课程"中实现每个幼儿的全面发展、整体育人、运动育人等问题,努力让课程面向每一个幼儿,为幼儿的未来发展提供持续动力。

┃ 第一节 ┃
育有个性的儿童

我们结合"让每一个生命唱响自己"的课程理念,幼儿园确立了课程目标:对幼儿进行综合素养启蒙,促进幼儿全面且可持续发展,培育"爱生活、有主张、喜探究、愿交往"的有个性的幼儿。爱生活,是指会自理习惯好、乐运动强人格;有主张,是指有想法会提问、有自信敢创新;喜探究,是指会观察善思考、亲自然发现美;愿交往,是指会倾听善表达、担责任有归属。

一、"爱生活"的儿童

"爱生活"强调培养幼儿良好的生活习惯和积极的生活态度。"会自理习惯好"意味着让幼儿在日常生活中逐渐学会自己照顾自己,如穿衣、吃饭、整理物品等。通过这些基本生活技能的培养,幼儿不仅能够提高自身的独立性,还能养成良好的生活习惯,为未来的成长打下坚实的基础。

"乐运动强人格"则突出了运动在幼儿成长中的重要性。运动不仅能够增强幼儿的体质,还能培养他们坚韧不拔的意志品质、团队合作精神和竞争意识。在运动中,幼儿学会面对挑战、克服困难,从而塑造出坚强的人格。

二、"有主张"的儿童

"有想法会提问"鼓励幼儿敢于思考、勇于提问。幼儿时期是好奇心和求知欲最为旺盛的阶段,培养他们提出问题的能力,可以激发他们的思维活力,促使他们积极探索世界。教师应营造一个宽松、自由的学习环境,鼓励幼儿大胆表达自己的想法和疑问,引导他们通过观察、思考和实践寻找答案。

"有自信敢创新"旨在培养幼儿的自信心和创新精神。自信是幼儿成长的动力源泉,只有当幼儿相信自己的能力时,他们才敢于尝试新事物、挑战自我。而创新精神则是未来社会所必备的品质,通过培养幼儿的创新思维和创造力,让他们在面对问题时能够提出独特的解决方案,为社会的发展注入新的活力。

三、"喜探究"的儿童

"会观察善思考"引导幼儿学会用眼睛去看、用大脑去想。观察是认识世界的第一步,幼儿通过观察周围的事物、现象和人,能够积累丰富的感性经验。而思考则是对观察到的信息进行加工和整理,从而形成对事物的深刻理解。教师应引导幼儿学会观察细节、发现问题,并鼓励他们积极思考、寻求答案。

"亲自然发现美"强调让幼儿亲近大自然,感受自然之美。大自然是最好的课堂,幼儿在自然中可以接触到各种奇妙的生物、美丽的风景和神奇的现象。通过亲近自然,幼儿能够培养对自然的热爱和敬畏之情,同时也能够增强他们的审美能力,发现生活中的美好。

四、"愿交往"的儿童

"会倾听善表达"注重培养幼儿的人际交往能力。倾听是理解他人的基础,幼儿只有学会倾听他人的意见和想法,才能更好地与他人沟通和交流。而表达则是将自己的想法和感受传达给他人的重要方式,教师应通过各种活动培养幼儿的语言表达能力,让他们能够清晰、准确地表达自己的意愿和需求。

"担责任有归属"旨在培养幼儿的责任感和归属感。责任感是幼儿成长为社会人的重要品质,让幼儿在日常生活中学会承担自己的责任,如爱护环境、关心他人等。同时,归属感则让幼儿感受到自己是集体的一员,培养他们的团队合作精神和集体荣誉感。

"我的课程"目标的确立,是对幼儿全面发展的深刻思考和积极探索。通过培养"爱生活、有主张、喜探究、愿交往"的幼儿的目标,致力于为幼儿的未来奠定坚实的基础,让他们在充满爱与关怀的环境中茁壮成长,成为具有综合素养和个性魅力的新时代人才。

课程智慧 2-1 我的邻居远香湖

儿童是城市的小主人,也是未来城市的建造者,通过大班进行的"我们的城市"主题活动,孩子们调查了解了我们新城地区的特色建筑群、智慧道路和城市规划等,从而激发了孩子们对自己城市的探索兴趣和热爱之情。比如,我们的邻居远香湖是上海西部最大的人工湖,孩子们可以在亲水平台等区域亲近自然,激发其好奇心与探究欲望;除了这些,还有嘉定最美图书馆、保利大剧院等标志性建筑物,可以让幼儿体验丰富的城市生活,体会城市建设的不断变化,了解各种新鲜事物;旁边的白银路智慧道路有智慧路口、智慧公交、智慧斑马线等,是我们嘉定的科技缩影,能够让幼儿探寻科技给生活带来的便利;等等。这些都是我们嘉定70 处优质户外活动打卡点。

其中,孩子们常常提到周末会去远香湖玩,他们对远香湖有着浓厚的游玩兴趣。在一次晨谈中幼儿聊起这个儿童乐园,提出了一些问题,让我们一起来听一听。

一、儿童眼中城市乐园的问题

发现问题:晨谈时,我们聊到远香湖的这个儿童乐园,孩子们纷纷表达了对儿童乐园的喜欢。而阿咪突然提到"我去玩喷泉的时候全身都湿透了,就只能回家了"。这引起了同伴的共鸣,炎炎说滑滑梯上小朋友太多了每次都要等很久、还有小朋友插队等问题。

听到孩子们的问题,我特别开心"孩子在用自己的眼光去寻找城市的真问题"。不同于充满着规则、秩序、保护的幼儿园内的玩具设施,公园里的游乐场有更多不同年龄的孩子参与、不同教育理念家庭的介入以及各种环境因素,这里就是充满真实情境的孩子社会适应场。作为老师,我们也一直致力于培养孩子"文明乐群、爱护环境、有初步责任感",那么,当孩子们离开校园、走进社会,他们会成为什么样的人呢? 会怎样去适应或改变社会? 我敏锐地意识到,孩子们解决儿童乐园这些问题的过程可能就是一次非常有价值的成长经历。

我们聚焦以下四个问题:

"衣服玩湿了怎么办?"——希望培养幼儿创造性解决问题的能力。

"人太多怎么办?"——希望让孩子拥有自我保护的意识与能力。

"爸爸妈妈停车难怎么办?"——结合孩子提出的"无人驾驶车"方法,希望激发孩子探索现代科技的兴趣。

"乱扔垃圾怎么办?"——希望培育幼儿的环保意识。

针对孩子们提出的这四大问题,他们自己进行了分组活动,创造性地设计相应的解决策略,尝试规划制作相应的物品。

二、我的乐园,我改造

(一)"衣服玩湿了怎么办?"——我们的"更衣间"计划

1. 我们的"更衣间"初设想

针对喷泉区衣服会玩湿的问题,小朋友提出很多解决办法:

造一个更衣间、带一些雨衣穿、带一些纸巾擦……那么,怎么去操作呢? 孩子们讨论决定用帐篷做更衣间。此外,孩子们参照儿童乐园图片及细节,用多种固定方法、材料制作出儿童乐园的微景观,用于之后模拟规划帐篷等物品的摆放位置。

2. 实地选址

第一次帐篷制作完成,我和孩子们来到远香湖儿童乐园,实地考察地形,让孩子们自己验证、自己发现问题。我们一起来看看吧! 他们选取了两处适合摆放"更衣间"的地方,一处是喷泉旁边的黄色圆圈内,理由是这个地方离喷泉近,可以随时过来替换,又不是贴着喷泉不会弄湿衣服;另一处是沙池旁的空地上。

看! 孩子们的选址有理有据,他们正在迁移自己玩沙、玩喷泉时的经验,为帐篷找到了合理的摆放地。

3. 新问题推动帐篷材料更换

可是,新的问题出现了:孩子们发现精心准备的涂鸦小帐篷太小了,不仅进出不方便,而且非常容易倒,在实际的使用中存在安全隐患,那怎么办呢? 他们又实地展开了讨论,我们一起接着听一听。他们想到了用长木棍做个大帐篷、从家里收集一键打开大帐篷等方法,并提出还要带衣架和毛巾推车的需求。这一次他们就把小帐篷做好定位,请我帮忙拍照记录地点。

4. 添加材料

结合孩子们提出的需求,我提供了小衣架、推车等材料。我们又进行了第二次实地操作,孩子们把新搭建的大帐篷摆放在上次的记录点上;热心的家长义工也一起参与此次活动,并带来了露营帐篷,还摆放了雨衣借用衣架和毛巾推车等。

看似幼儿在经历帐篷摆放位置实地考察和物品调整的活动,

其实他们真正经历了:(1)在儿童乐园的游玩互动中发现问题、解决问题并不断调整解决策略的认知体验。(2)在真实户外场景中,运用空间方位经验合理规划帐篷摆放位置的学习体验。(3)关注同伴使用帐篷舒适度的需要,并根据他人需要调整材料的情感体验。(4)在自主、自由的户外环境中,大胆尝试改造儿童乐园的操作体验。

(二)"人太多怎么办?""乱扔垃圾怎么办"——我们的宣传小分队

1. 纸质宣传遇问题

在一次次的讨论中,我们的宣传小分队制定了滑梯区域的倡议规则:一组10—20个小朋友进入滑梯区域,这样不会太拥挤,进去时给同一系列的贴纸,在旁边用秒表计时,一组玩一个小时左右。

同时,他们也制定了"文明游玩""爱护绿化""垃圾分类"等倡议宣传单。制作完成,我们宣传小分队来到远香湖进行海报倡议和宣传单分发活动。

2. 调整新的宣传方式

这次宣传小组实践活动结束后,小朋友们又发现了一些新问题,如口口相传的方式太麻烦,宣传单一会儿就发完了等问题;孩子们也当即提出了解决策略:做一些牌子挂在柱子上,用移动机器人循环播放宣传。

3. 宣传小分队再出发

孩子们带着调整的新方法和材料再次前往远香湖。

看似幼儿在经历制作海报和倡议宣传的活动,其实他们真正经历了:在真实社会情境中思考并运用自我保护及规避危险的方法;根据乐园问题情境,与同伴协商制定合理游玩规则的自主体验;爱护环境、保护环境,让生活变得更美好的环保和社会责任公益体验;愿意在户外陌生人面前自我表达的社交体验,以及真实操作后的满足感、成功宣传时的喜悦之情。

在儿童乐园的问题情境中,幼儿会遇到生活经验不足、与陌生人交流等园内遇不到的问题情境,也正是有了这样一个天然的问题场所驱动幼儿去自我反思、探索和调整自己的想法,才产生了这一自主、自然的学习过程,这就是在经历元认知的过程。

(三)"爸爸妈妈停车难怎么办?"——现代科技"无人驾驶车"的探索

针对"停车难"的问题,孩子们初期想到了很多解决方法,比如打车、坐公交车、骑电瓶车、走路等。但当爸爸是无人驾驶工程师的布丁提出"我们可以乘坐无人驾驶车"的时候,无人驾驶车吸引了孩子们的兴趣——如果能够让无人驾驶车到大家门口来接送,停车难的问题也就解决了。于是,孩子们开始了他们的畅想与设计:收集关于"无人驾驶车"的资料,了解无人驾驶车的外形特征、驾驶功能和作用等。

1. 表现"无人驾驶车"

无人驾驶车无疑成了当下幼儿的热点话题,在自由活动和个别化活动中,幼儿用各种材料制作装饰心中的无人驾驶车,并畅想了未来无人驾驶车内部设施,用积木进行搭建,如小型滑滑梯、游泳池等;在游戏中,幼儿搭建了一辆无人驾驶车进行游戏;在运动中,孩子们用滑草车进行无人驾驶车的模拟体育游戏。孩子们将自己对于无人驾驶车的经验融合和体现在一日活动中,可以看出他们真的对无人驾驶车十分感兴趣。

2. 规划行驶路线

当无人驾驶车建造热潮过后,孩子们开始探索如何用无人驾驶车接送大家。我给孩子们提供了新城地图、测量工具和材料、遥控小车等,孩子们就通过询问同伴居住的小区位置,标记在纸上连接小区的中心点,再用尺、积木、纸片等材料进行测量获取最短路线,然后将几张线路图在地上拼成完整线路,幼儿遥控小车进行模拟试行。

孩子们满怀期待进行着设计,同时,他们也对无人驾驶车提出了更多疑问,如:"无人驾驶车用电还是用油?""如果突然出现一个人在车前,能感应出来吗?""无人驾驶车的摄像头是怎么转动的?"……他们带着这些问题,来到远香湖旁的无人驾驶车站,与工作人员进行互动访谈。

孩子们对于无人驾驶车的探索体现了园内外资源的互相链接和相互交融,实现了资源最优化。园内的无人驾驶车经验为其园外的实地考察和访问做铺垫,园外和无人驾驶车的互动又推动了孩子们获得新的经验和兴趣生长点。

看似幼儿在经历用材料制作、积木搭建无人驾驶车、规划路线等活动,其实他们真正经历了:对无人驾驶车这一新事物的好奇好问,感受无人驾驶车等智慧新科技给生活带来便捷的创新体验;动手动脑探究无人驾驶车结构并用多种形式和材料创造性表达表现的认知体验;对同伴居住地信息的收集和统计,运用各种测量的方式绘制线路图,更好服务他人的规划体验;畅想未来更完善的科技设施让我们生活更美好的憧憬体验。

智慧道路上"无人驾驶车"、探索海绵路等科技资源丰富了幼儿对于科技推动城市发展的感受和经历,激发了幼儿好奇心和创新力,开拓了幼儿视野……正是有了这些优质的户外资源,孩子们就能在家门口体验不同的成长经历,获得户外不同情境体验的机会。另外,在活动时我们还给幼儿提供了"智慧车",现场大家也能看到,里面除了有基础性物品如医药箱、记录纸笔等,还会提供根据幼儿当下兴趣点形成的资料库,以及幼儿户外活动所需要的个性化材料。

三、活动的延续

活动进行于此,对于已经实施的内容,孩子们会用点赞的方式给自己鼓励和评价,接下来我将和孩子们继续探究。未来相信他们会用自己的智慧将现在的一些"不可能"变成"可能"。

（撰稿者：上海市嘉定新城实验幼儿园　张晴）

| 第二节 |
让个性渐渐生长

在深入理解了以"让每一个生命唱响自己"为课程理念所确立的课程目标后,我们可以清晰地看到这一目标体系为幼儿的全面发展描绘了清晰的蓝图。为了更好地将这一课程目标落地实施,我们根据幼儿不同年龄段的特点,分别制定了小、中、大三个年龄段的具体目标,让个性渐渐生长。

一、"爱生活"的具体要求

小班：

有独立做事的愿望,会正确洗手、穿脱衣服、自己用餐和喝水、按需自行如厕,能根据自己的兴趣选择活动。

爱护玩具和物品,学习收拾与整理。

对体育活动感兴趣,尝试用各种材料和器械活动身体,学习一些基本运动方法,具有一定的力量和耐力。

手的动作灵活协调。

中班:

学会正确地刷牙和使用筷子、手帕、毛巾、便纸等,对自己能做的事情表现出自信。

通过尝试、模仿与练习,使动作轻松、自然、协调。具有一定的力量和耐力。

手的动作灵活协调。

大班:

有基本的生活自理能力,独立自信地做力所能及的事。

养成良好的饮食、睡眠、排泄、盥洗、整理物品等生活习惯。

积极参加体育活动,大胆尝试新奇、有野趣的活动,获得身体活动的经验,动作协调、灵活,并具有一定的力量和耐力。

具备基本的安全知识和初步的自我保护能力。

二、"有主张"的具体要求

小班:

愿意用普通话表达自己的意思。尝试用多种材料和工具,运用画、折、搭、剪、贴等方法表现熟悉物体的粗略特征,并作简单想象,体验乐趣。喜欢做音乐游戏,能感受游戏中节奏、旋律的显著变化,并随之变换动作。

中班:

能注意倾听、理解他人意思,积极地表达自己的主张。愿意尝试使用各种材料、工具和方法,进行拼装、拆卸、制作和绘画,有初步的想象能力,体验成功的快乐。在游戏中愿意用动作、歌声、语言等表现所理解的事物和自己喜欢的角色。

大班：

会主动用语言与人交往。能大胆、清楚地表达自己的想法，倾听同伴的讲述。能从多方面感知周围生活中的美，能大胆用唱歌、舞蹈、演奏、绘画、制作、构造、戏剧表演、角色游戏等形式表现自己的感受、体验，想象与创造。

三、"喜探究"的具体要求

小班：

了解身体主要部位的简单功能，知道避开日常生活中的危险。亲近自然，在指导下尝试探索，认识周围常见的事物与现象。喜欢观察周围环境中不同的物品，尝试对其进行分类、对应、排序等，发现其差异。喜欢翻阅图书，具有初步的阅读理解能力。

中班：

爱家乡，爱父母、教师、长辈。了解他们的职业与自己的关系，尊重他们的劳动。了解人的身体和年龄变化，能配合疾病的预防和治疗，对危险的标志与信号，能及时作出反应。亲近自然，能够用简单的观察方法，有目的地感知周围自然物和自然现象，初步了解自然的变化对人类和动植物的影响。结合日常生活学习并识别数字，初步理解数量、重量、颜色、质地、距离、方位和时间等概念，学习比较和测量等方法。喜欢阅读，初步理解其表达的内容。学习欣赏各种中外儿童艺术作品，初步留意周围符号的意义。

大班：

亲近自然，喜欢探究，具有初步的探究能力，并在探究中认识周围事物和现象。了解社区内及城市其他典型的设施、景观，参与民间节日活动；知道不同地域、不同种族的人以及他们的风俗习惯，萌发爱家人、爱学校、爱家乡、爱祖国的情感，并具有初步的多元文化意识。了解现实生活中数的实际意义，能从生活和游戏中感受事物数量关系,获得一些时间、空间概念,会进行比较、推理等智力活动。能关心日常生活中需要掌握的简单标志和文字,尝试用图像、文字、符号等形式表达自己的意思。喜欢听故事看图书。

四、"愿交往"的具体要求

小班:

能接受成人的建议和指示,知道遵守集体生活中的常规,体验与教师、同伴共处的快乐。会主动招呼熟悉的人,具有文明的语言习惯,在成人启发下能帮助他人。认真听并能听懂常用语言。

中班:

有初步的同情心和责任意识,关注同伴,完成力所能及的任务。喜欢并适应集体生活,理解和遵守日常生活中的规则,学习控制自己的情绪和不宜行为。学会用结伴、轮流、请求、商量等方式的语言交流。

大班:

体验人与人相互交往、合作的重要和快乐,保持愉快的情绪,尊重他人需要。形成良好的自我意识、规则意识,学习评价自己和同伴。

课程智慧 **2-2** **怎样延续鲜花的"美"?**

一、项目的背景

教师节,孩子们为了表达对老师的爱意和谢意,送来了一朵朵美丽的鲜花。顿时,让我们的自然角变得生气盎然,有色彩、有香气。可是,这样的"美"好景不长,不到一周的时间,自然角里的鲜花几乎都已经凋谢了。眼看自然角里的花越来越少,孩子们都露出了失落、难过的表情。甚至,孩子们开始讨论怎样可以不让鲜花的花瓣凋落呢？怎样能够保留鲜花的香味呢？怎样可以保留鲜花美丽的外形呢？鲜花还有什么用呢？鲜花可以做成永生花吗？鲜花可以吃吗？……

二、项目的价值

孩子们每天都会来自然角关注这些美丽的鲜花,可是花越来越少,孩子们脸上的表情越来越失落。通过上述讨论,可以看到孩子们对鲜花的凋谢充满着失落和难过。看到鲜花渐渐凋谢,孩子们激发出想要延续鲜花美的强烈情绪。实际上,班级大多数孩子是没有照顾鲜花的经验的,何不利用这次机会,延续孩子们对鲜花的喜欢,同时又让他们积累照顾鲜花的相关经验,包括影响鲜花盛开的因素、如何利用工具照顾鲜花等知识。通过认真学习《上海市学前教育课程指南》《3—6岁儿童学习与发展指南》等专业书籍,我们有了以下发现。

发展领域	关 键 经 验
语言领域	1. 描述鲜花前后的变化。 2. 用叙述性语言传达信息、提出问题和提供解释。 3. 用图画、符号等进行记录。 4. 倾听、理解他人的观点。 5. 有问题愿意向别人请教,有高兴的或有趣的事情愿意与大家分享,能依据所处情景使用恰当的语言。
社会领域	1. 在探索中学习与他人合作交往。 2. 与同伴发生冲突时能自己协商解决。 3. 关心周围与我们一起生活的植物,体验照顾植物的快乐和成就感。
科学领域	喜欢探究: 1. 对自己感兴趣的问题总是刨根问底。 2. 能经常动手动脑寻找问题的答案。

(续表)

发展领域	关 键 经 验
科学领域	3. 探索中有所发现时感到兴奋和满足。 探究能力: 1. 能通过观察、比较和分析,发现并描述鲜花在照顾的对比实验中前后的变化。 2. 能用一定方法验证自己的猜测。 3. 能用数字、图画或其他符号进行记录。 4. 探究中能与他人合作或交流。 5. 选择合适的工具和材料、运用多种物体进行个性化表达。
艺术领域	1. 能发现美的事物的特征,感受和欣赏美。 2. 愿意和别人分享、交流自己喜欢的艺术作品和美感体验。

三、项目的实施

(一)鲜花为什么会凋谢

开展一次关于"鲜花为什么会凋谢"的讨论会,其中主要包括两个问题:"我们平时是怎样照顾鲜花的?""我们在照顾鲜花的时候遇到过什么问题?"通过这样两个关键性的问题,我对孩子的已有经验进行了分析:我发现孩子在之前的生活中积累了一定的照顾植物的经验,他们初步了解了关于水、光照、土壤、修剪等方面的因素会影响花的盛开时间。他们将照顾植物的经验迁移到鲜花上,每个孩子都跃跃欲试想要去照顾好自然角的鲜花。

(二)怎样更好地照顾鲜花?

基于已有经验的分析后,我发现孩子们的经验是比较粗浅的、零碎的。为了帮助孩子更好地理解影响鲜花盛开的要素,我决定顺应着孩子们的兴趣,让他们亲身体验一次由始到终完整地照顾鲜花的过程,因此我们开展了一次关于"怎样更好地照顾鲜花"的活动,目的在于让幼儿的已有经验得到巩固与提升,并且能够在整个系统的过程中体验到照顾鲜花的成就感,并在对鲜花的欣赏中获得美感体验。

（1）"照顾鲜花"对比实验

在照顾鲜花的对比实验活动中，我们根据"鲜花为什么会凋谢"的讨论活动，通过投票选择的形式进行分组。班中一共30名幼儿，分为四大组，分别为换水组、泥土种植组、遮挡组、修剪组。其中以4—5人为一小组，孩子们根据自己的想法为鲜花提供了最"好"的环境。

往后孩子们每天来园时，最关心的事情变成了：我们的鲜花怎么样了？他们几乎每天都会把鲜花的变化记录在观察本中。这个过程，不仅培养了幼儿观察、记录的能力，也培养了他们的责任意识。孩子们把鲜花当做了自己最亲爱的伙伴，把最好的照顾和"温暖"都给了鲜花。

通过第1、第2组的对比实验，孩子们发现在同样保持换水的前提下，暴晒在太阳下的鲜花，比有遮挡物的鲜花提早泛黄发黑2—3天。第1、第7组对比实验中，孩子们发现对鲜花进行修剪后，花瓣的维持时间能够延长1天左右。第5、第6组的对比实验中，孩子们发现同样在遮挡环境下的鲜花，每天换水可以让花杆保持清洁，鲜花盛开的时间也能增加大约2天。第3、第4组的对比实验中，将鲜花插进泥土后，鲜花盛开的时间明显变短，还伴有腐烂现象。孩子们推测可能是由于泥土中的水分不能及时更换，从而导致腐烂、发臭等现象。

由于在实验过程中，我们对于变量的控制存在误差（例如花的种类、温度、湿度，等等），因此实验结果仅供参考。但是实验的重点不只是对于结果的探索，更是让幼儿体验实验的过程，了解照顾鲜花的方法，知道影响鲜花凋谢的因素，并感受到照顾鲜花的乐趣与成就感。

（2）欣赏鲜花的美

由于孩子在照顾鲜花的过程中，发现鲜花的盛开时间是有限的，它们会逐渐枯萎、凋谢,孩子们的脸上也都露出了伤心的表情。于是,我们专门设计了一节关于鲜花的欣赏活动,我们鼓励孩子以不同的方式来表达自己对美的感受。

在活动中,有的孩子使用语言交流鲜花的美,赞美鲜花的颜色、姿态等;有的孩子通过写生画,记录了鲜花美丽绽放的时刻;有的孩子,通过优美的舞蹈动作模仿鲜花绽放时美丽的姿态;甚至,还有的孩子使用美丽的花瓣,通过拼贴创作了一幅创意画。

通过一次艺术欣赏活动,孩子们对鲜花的美感受更强烈,他们试图用不同的艺术表现手段将这种美留在心底。活动不仅满足了幼儿对美的欣赏,同时也满足了幼儿对美的个性化表达方式。

(3) 怎样延续鲜花的"美"?

虽然孩子们每天都给予鲜花无微不至的照顾,但是鲜花的寿命始终是有限的,终有凋谢的那一刻。面对鲜花的纷纷凋谢,看着孩子们一张张失落的小脸蛋,我真的不忍心打击他们的积极性。于是,我们决定开展一次关于"怎样延续鲜花的'美'"的讨论活动,引导幼儿进一步思考除了延长鲜花盛开的时间外,还可以怎样延续鲜花的美丽? 鲜花除了美丽的形态外,还有哪些值得我们延续的地方呢? 鲜花还有哪些用途呢? 等等。于是,我和孩子们进行了更进一步的讨论"鲜花还有什么用"。没想到,瞬间打开了孩子们的话匣子。有的说,鲜花可以制作成香水,还有驱蚊水;有的说,鲜花可以做成花茶,比如菊花茶、玫瑰花茶等;有的说,鲜花可以做成好吃的糕点,比如鲜花饼、桂花糕;有的说,鲜花可以做成颜料,还可以让我们扎染呢!

孩子们有着各种各样的想法,有些是他们听爸爸妈妈说的,有些是他们根据其他同伴的观点推测的,还有些是他们根据鲜花的特点猜测的。面对孩子们热烈的讨论,我都不忍心打断。我尊重了孩子们的所有想法,让他们通过投票、商量等形式进行了分组:永生花组、香水组、糕点组、花茶组、颜料组。

终于,活动开始了。孩子们利用放学时间搜集资料,利用自由活动时间商量、分工,又利用个别化时间制作、实验。虽然在这个过程中,他们会遇到各种各样的问题,还可能遇见"失败",可是正是这样一次又一次的活动,让幼儿体验了合作的快乐、感受实验带来的惊喜。他们在发现问题、提出假设、验证假设中学习着、探索着,在学习与探究中收获成长。

(4) 制作永生花

"永生花就是干花呀! 把它晒干不就好了。""那它变成永生花了就不会死了,然后可以一直都很漂亮了!"孩子们你一言我一语地聊着,面对孩子们的这些话题,我们开始了第一个活动:制作永生花。但是面对永生花的制作,我们都是新手,零起点。因此,我们决定先请孩子们对制作永生花的材料、方法进行调查,最后对孩子们找到的制作方式进行梳理,孩子们就开始以小组的形式开始制作了。

我发现,孩子们在制作永生花的过程中,对于如何悬挂鲜花产生了问题,他们发现鲜花总是掉落,难以固定。面对孩子的焦虑和问题,我没有直接去帮助他们,而是默默地在自然角里提供了更多的材料,例如挂钩、花泥、封箱带、钓鱼线、夹子、海报架、麻绳、毛线等。因为,我想要通过更多的材料支持与刺激,去引发幼儿更多的思考,引导他们根据自己所面临的问题,尝试使用不同材料,去解决自己所面临的困境,从而使鲜花能够更牢固地悬挂在自然角中。

但是通过一段时间的持续观察,我发现孩子在利用绳子的过程中仍然存在较大的问题,主要集中在如何打结方面。于是,我联系到大班幼儿系鞋带的生活经验,通过互相讨论的过程,引导幼儿尝试使用系鞋带的方式,利用绳子将鲜花进行悬挂。同时,在捆绑与悬挂的过程中,通过问题与材料,促进幼儿与同伴之间的相互合作,一个人拿一个人绑。我通过将学习与生活相联系,将幼儿的生活经验进行迁移,从而引导幼儿解决问题,使得他们的经验与水平得到了提升。

在整个制作永生花的过程中,孩子们不仅培养了自主收集信息、整理信息的能力,而且增强了活动时与同伴分工合作、完成任务的能力。在探索、讨论与实验的过程中,体验着探究性的学习方式。在活动的最后,我鼓励幼儿将自己制作的永生花进行展示,并组织同校的其他老师和小朋友前来参观、订购,使其走出班级,甚至走出校园。

四、项目的评价

回顾整个项目化学习,我们在活动中基本都以小组的形式进行开展,幼儿在活动过程中可以根据自己的已有经验水平、兴趣点,进行自主结对和选择。例如在照顾鲜花的对比实验中,幼儿可以根据自己的猜测进行组队,合作照顾鲜花;在延续鲜花的美的活动中,自由选择感兴趣的活动。不同发展需求的幼儿在过程中都能找到适合自己的发展平台,实现个性化的自我成长。

在一个完整的项目化学习活动中,幼儿一定会遇到这样那样的问题,而正是因为这样一个又一个的问题,教师才能够利用核心经验,找到幼儿的最近发展区,从而通过相对应的活动促进幼儿能力的增强。而教师在面对幼儿各种各样的问题时,要成为幼儿的支持者、推动者,而不是提供其教科书般的答案。例如,当幼儿在制作永生花的过程中,在悬挂鲜花时遇到了问题,那么教师可以通过增加材料的多样性、扩大材料的支持从而推动幼儿进一步的探索,而孩子们在对各种材料进行尝试的过程中,也会找到适合自己的答案,成为学习过程中的主人。

(撰稿者:上海市嘉定新城实验幼儿园　沈璐依)

第三章

"我的课程"之器

　　"我的课程"关注幼儿学习与发展需求的满足,注重幼儿的个体差异,充分考虑幼儿学习与发展需求的共同性、多元性和个性性特点,搭建课程内容框架,形成共需课程、群需课程、特需课程体系,努力在顶层设计层面满足不同幼儿的发展需求、兴趣、能力和学习速度,支持不同发展水平的幼儿在与丰富多样的环境、材料、同伴和教师的互动中连续性地建构经验,确保每一个幼儿都获得适合自己的发展。

幼儿园课程内容是实现幼儿园课程目标的,对于教师和幼儿而言,主要解决的分别是"学什么"和"教什么"的问题。[1] 受所持课程内容价值取向所影响,不同幼儿园对于课程内容有不同观点和看法。一般而言,幼儿园课程内容存在三种价值取向,即课程内容即教材、课程内容即学习活动、课程内容即学习经验。三种价值取向代表着课程价值观的不同,并不是非此即彼、二元对立的关系,在园本课程建设中,需要辩证地看待课程选择的问题,使得三种价值观相互平衡,各有发展。幼儿园可以通过有机选择、系统安排的方式平衡三者的关系,使课程内容既符合社会经济文化的发展要求,又符合幼儿经验、能力和兴趣。

一般而言,幼儿园课程内容建构包含课程内容选择和课程内容组织。

幼儿园课程内容选择应综合考虑以下几个要素:一是教育部和地方教育行政部门的相关要求,幼儿园应当遵循国家及地方教育行政部门发布的相关法规、政策、指导文件等;还应充分考虑所处的社会和文化环境,选择与当地实际情况和教育需求相契合的课程内容,使幼儿能够更好地融入社会,了解并尊重当地文化。二是应遵循幼儿的身心发展规律,确保课程内容符合幼儿的认知、情感、社交、语言、身体等方面的发展需求,促进幼儿的全面发展;以幼儿的兴趣和需求为出发点,选择符合幼儿年龄特点和认知发展水平的课程内容,激发幼儿的学习兴趣和主动性。三是要考虑幼儿园自身的教育目标和课程体系,选择符合办学理念的课程内容。课程的选择与组织应有助于实现教育目标,培养幼儿的综合素质和各项能力。还应充分考虑可用的教材和资源。优质的教材和丰富的教学资源,有助于教师更好地实施课程内容,提高教育质量。

幼儿园课程内容组织应遵循三个基本准则:连续性、顺序性和整合性。连续性是指课程内容如何直线性地进行陈述;顺序性是指课程的后继内容如何既以前面内容为基础,又为以后的内容打下基础;整合性是指各种课程内容之间的横向连续。在涉及幼儿园课程内容组织时,必然会涉及这三个基本准则。[2]

---

① 朱家雄.幼儿园课程[M].上海:华东师范大学出版社,2022:182.
② 朱家雄.幼儿园课程[M].上海:华东师范大学出版社,2022:185.

上海市嘉定新城实验幼儿园"我的课程"强调幼儿是课程的中心,在遵循一般性的课程内容组织和选择原则基础上,尤其关注幼儿学习与发展需求的满足,注重幼儿的个体差异,尊重每个幼儿的发展速度和特点,提供个性化的学习支持,支持不同发展水平的幼儿在与丰富多样的环境、材料、同伴和教师的互动中连续性地建构经验。

在以儿童为中心的课程理念的引领下,"我的课程"以《3—6岁幼儿学习与发展指南》以及《上海市学前教育课程指南》为蓝本,以满足不同幼儿的多样发展需求为出发点,在健康、语言、科学、艺术、社会五大领域中分别开设共需课程、群需课程和特需课程。

"我的课程"充分考虑幼儿学习与发展需求的共同性、多元性和个体性特点,搭建课程内容框架,努力在顶层设计层面满足不同幼儿的发展需求、兴趣、能力和学习速度,确保每个幼儿都能在适合自己的活动中得到发展。

第一节
共需课程:满足儿童发展的共同需求

共需课程是健康、语言、科学、艺术、社会五大领域中为满足全体幼儿终身发展所需的基本经验而设置的课程,满足我园每个幼儿学习与发展的共同需求,赋予幼儿自主选择和主动成长的权利,让幼儿得到全面和谐的发展。

我园在选择和组织共需课程时,主要关注以下两点:第一,共需课程内容应该具有基础性和普遍性,即这些内容是幼儿普遍需要掌握和了解的,是他们进一步学习和发展的基础。例如,良好的生活习惯、语言表达能力、合作协商能力等都属于共同性课程的基础内容。共需课程内容应该涵盖幼儿发展的多个方面,包括认知、情感、社交和身体发展等,这些不同领域经验之间要保持平衡,确保幼儿在各个方面都能得到适当的关注和发展,不至于在某一领域方面经验缺失。第二,共需课程内容应该具有一定的整合性和连贯性,即不同领域经验之间的内容应该相互关联、相互支持,形成一个有机的整体。同时,还要确保课程内容在不同年龄段之间具有一定的连贯性和递进性,确保幼儿在学习过程中能够逐步深入和拓展相关经验。

课程智慧　3-1　吊兰拯救计划

一、活动缘起

午餐过后,植物角里围了一些孩子,突然有孩子大叫起来:"王老师,快来看呀,有植物死了!"话音刚落,其他孩子都冲到了植物角,挤着往里瞧。"我看看! 我看看哪个植物死了?""吊兰是热趴下了吧? 最近好热!""是死了! 它周围全是水!""怎么搞的,昨天我浇水的时候还好好的!"

孩子们平时对自然角的关注度并不高,常常只是在自然角进行一些简单的浇水、喂食的照料工作。但随着对吊兰不佳情况的发现,孩子们掀起了一波讨论,关于吊兰的话题迟迟没有结束。他们这一浓厚的兴趣,不由得引发了我的思考:怎么抓住孩子们的这个兴趣点呢?

二、活动设计与实施

（一）拯救吊兰,势在必行——反复尝试,解决问题

1. 集体讨论:怎么拯救吊兰?

经过投票发现,75％的幼儿认为吊兰还没有死,多名幼儿在录音中说明吊兰只是"病了",我们需要帮帮它,于是孩子们召开了第一次"吊兰拯救会议"。

晓洁:"水实在太多了,倒掉应该就好了。"

毛毛:"要倒掉水,然后带它去阳台上晒晒太阳。"

阿泽:"不能再给吊兰浇水了,它需要晒太阳。"

2. 实践:拯救吊兰计划 1.0

计划绘制——将讨论的拯救方法用图画的方式记录下来。

计划实施——幼儿根据拯救计划,自主开展第一次拯救吊兰行动。

孩子们根据自己的计划开展了第一次拯救吊兰行动,然而吊兰的情况似乎并没有好转,叶片开始发黄发枯。

3. 调查:怎么拯救吊兰?

孩子们通过回家和父母一起查阅资料,了解吊兰的生长特性,以及拯救方法。

4. 再实践:拯救吊兰计划 2.0

计划绘制——将讨论的拯救方法用图画的方式记录下来。

计划实施——幼儿根据调整后的拯救计划,自主开展第二次拯救吊兰行动。

在孩子们的多种方式尝试下,吊兰慢慢恢复了健康,叶子在两周后全部变回了绿色。

(二)植物照料小能手——整理经验,快乐照料

1. 要想植物长得好,每天记录少不了

为了能持续观察吊兰的恢复状况,也为了能够准确掌握吊兰每天的生长状态,孩子们决定每天将吊兰的样子用画笔记录下来。然而,这样记录了两三天后,大家发现记录的人太多了,留下来的记录纸过于凌乱,不能较好地达成通过观看记录快速了解和对比吊兰情况的目的。于是,孩子们通过商议达成共识——每天由自然角值日生记录当天吊兰的情况,形成吊兰日记。

2. 要想植物长得高,照料妙招共分享

为了让缺席集体讨论的同伴也能了解更多照料吊兰的方法、更好地养护吊兰,孩子们提出并自制了一本《吊兰养护手册》放在自然角,照顾吊兰时可以翻阅手册,收获集体总结的养护经验。

3. 要想植物活得长,打卡签到别忘了

在幼儿的调查中,养护吊兰非常重要的一点便是不能过于频繁地浇水,孩子们在集体谈话中也特别提到,在之后的养护中一定要控制浇水的次数(频率),于是我为孩子们制作了一张浇水签到表。

然而,这张定制的"浇水签到表"却没有迎来如潮的好评,用过的孩子纷纷反映不方便,还有的孩子直接在签到表反面的白纸上开始了签到记录。发现教师预设与幼儿真正实施中的需求有距离后,我为幼儿提供了白纸,放手让孩子们用自己喜欢的方式进行签到打卡。

三、活动复盘

在活动实施的过程中,我发现中班幼儿已经对于植物的各种自然现象有了许多自己的猜想,并且能够用简单语言解释自己的猜想。而"猜想—验证—反思调整—再验证"是幼儿进行探究式学习的基本路径,在第二个环节"拯救吊兰"中若弃幼儿的直接猜想于不顾,直接引导幼儿回家调查,便可能会忽略幼儿本身的声音,拉低幼儿在活动中的参与感和体验感。因此,我在集体讨论怎么拯救吊兰后,新增了"拯救吊兰计划1.0"的实践活动,引导幼儿将自己的猜想进行实验,并且通过观察来验证自己的方法是否有效。若有效,则能够使幼儿在活动中直接收获成功和愉悦的情绪体验;若无效,则可以激发幼儿主动进行进一步调查吊兰习性的意愿,推动幼儿进一步学习。

除此之外,在植物照料方面也新增了妙招共享的内容,这源于幼儿对这段时间没有来园的同伴的考虑,孩子们认为应该将照料吊兰的妙招记录下来,这样无论轮到哪位幼儿做自然角值日生,都能够较好地照顾好我们的吊兰。

(撰稿者:上海市嘉定新城实验幼儿园 王一舟)

第二节
群需课程:满足儿童多样的兴趣爱好

群需课程是为满足幼儿的多样兴趣和多元需求,给予幼儿多样学习经历而开设的种类丰富的、可自主选择的多元的活动,旨在促进幼儿自主地、主动地获得多元的、个性化的发展。

在选择满足幼儿群体需求的课程内容时,幼儿园坚持儿童视角,通过与幼儿、家长的交流,以及观察幼儿的行为,了解他们的兴趣、爱好、学习方式和社交需求,为选择丰富多样化的课程内容提供依据。此外,我园关注群需课程内容的多样化,包括领域经验、活动形式、教育资源等方面的多样性。例如,提供科学、艺术、语言、健康、社会等多个领域的课程,以满足不同幼儿的兴趣和发展需求。

在设计群需课程的过程中,考虑到幼儿发展的差异性,根据不同幼儿的发展需求和兴趣进行动态调整,确保群需课程的生命力和适应性,支持每个幼儿在幼儿园课程中找到适合自己的课程内容。(见表3-1)

表 3-1　群需课程内容

群需课程内容	我做小厨师	满足幼儿对自主生活以及自理生活相关的需求和自我服务能力,感受生活的乐趣。
	我当小演员	满足幼儿通过戏剧的形式表现自己感受、想象和创造的需求,帮助幼儿感知文学艺术的美。
	我是科学家	满足幼儿对周围事物的探究需求,培养幼儿探究精神及问题解决能力。
	我是艺术家	满足幼儿在美术表现方面的兴趣,帮助幼儿积累多种美术表现经验。
	我来玩乐队	满足幼儿对音乐的欣赏以及通过各种乐器表现自我的需求,帮助幼儿认识和学习常用乐器,感受音乐的美。
	我是运动员	满足幼儿对身体运动活动的需求,培养热爱运动、乐享运动的小小运动员。
	…………	基于幼儿发展需求动态设计课程。

课程智慧　3-2　别开生面的南瓜节

一、活动缘起

南瓜是幼儿在生活中常见常吃的一种食物,营养价值丰富,南瓜的成熟也是秋季到来的重要标志。南瓜这种给与孩子美好体验的自然物贴近孩子的生活,有很多的教育价值可以挖掘。南瓜灯的出现更是引发了幼儿对于南瓜的好奇和喜爱。在一次的晨谈活动中,孩子们谈论起街道上高高挂起的南瓜鬼脸和南瓜灯,并对南瓜产生了浓厚的兴趣。既然如此,为什么我们不能举办一场关于中国秋日的南瓜节,以此来庆祝我们的丰收,从而激发幼儿对于秋天的感知,对于劳动的热爱呢? 基于此,教师以幼儿的兴趣点——南瓜为生发点,引导幼儿和大自然建立起联系,开展了一次关于如何开展南瓜节的探究式学习活动。

二、活动设计与实施

南瓜元素吸引了幼儿的目光,作为教师,我们不但要基于幼儿兴趣生成活动,更要思考如何将幼儿的想法转化为适宜的教育目标,深入思考主题价值,将教育目标渗透于幼儿实践中。在思考之后,教师与幼儿进行了一场深入谈话:你想了解南瓜的哪些方面? 如何举办一场南瓜节? 在谈话中孩子们表达了自己的观点与想法,教师在了解幼儿的兴趣走向之后,对幼儿的经验和兴趣点进行总结梳理和归纳。

幼 儿 思 考	归 纳 总 结
恬恬:南瓜都是一个样子的吗?	
葫芦:南瓜怎么做才很好吃?	幼儿感兴趣的话题集中在南瓜的样子、种植南瓜、制作南瓜手工、南瓜的吃法几个方面,对于南瓜节的开展有较为模糊的意识,能够理解庆祝节日的概念。但具体要做什么,先后顺序如何进行,幼儿无法像成人一样进行整体的总结和概括。做中学是幼儿时期的一个特点,教师要尊重幼儿这一特点,引导幼儿在实践中进一步探索。
萌萌:怎么用南瓜做南瓜灯?	
皮皮:南瓜可以种出来吗?	
尼莫:南瓜节做什么?	
葫芦:南瓜节可以把好吃的分享给别人。	
萌萌:还可以装饰得很漂亮。	
尼莫:就像过年一样的。	

基于幼儿的兴趣和需要,考量中国的文化传统季节性特点以及劳动教育价值,并翻看《上海市幼儿园办园质量评价指南》《3—6岁儿童学习与发展指南》等纲领性文件,我们将目标确立为:

1. 知道秋天是收获的季节,愿意探索南瓜,对南瓜有一定的认知。

2. 对设计实施南瓜节的过程保持浓厚的兴趣,专注认真,直至任务完成。

3. 亲近自然,有一定的劳动合作意识,体验劳动,分享合作的快乐。

三、探究活动实施过程

活动启动:南瓜初认知

观 察 实 录	分析与回应
围绕南瓜大调查,班级开展南瓜分享会 教师:关于南瓜你知道些什么? 葫芦:南瓜的颜色有绿色,有黄色。 萌萌:但是切开的南瓜里面都是黄色的。 皮皮:南瓜的边上有绿色。 尼莫:有的南瓜圆圆的,有的南瓜长长的。 恬恬:我在家里面吃了妈妈做的南瓜饼。 ⇩ 开展集体互动/个别化活动,提供环境支持幼儿探索南瓜。	幼儿对南瓜有了较为浅显的认知,知道南瓜的颜色形状味道等基本特征,但是这些浅显的认知不足以支撑幼儿举办南瓜节的节日愿望。教师需要在这个过程中给予幼儿更多的机会,引导幼儿参与到观察与实践中。

家园互动:

带着疑问,教师发放亲子调查表,引导幼儿收集南瓜的相关信息,以"南瓜俱乐部"为思路梳理幼儿收集来的信息。带着问题幼儿回家进行了对南瓜认知的相关探索,并跟随爸爸妈妈到菜市场亲自摸一摸、闻一闻、看一看南瓜,问一问南瓜的价格,称一称南瓜的重量。在调查中,孩子们了解了南瓜的形状、种类、特点、营养价值等一系列南瓜知识,并在班级内与同伴进行了分享,这大大激发了孩子们的兴趣,为幼儿后期持续性探索埋下了求知的种子。

师幼共建:

带着兴趣,幼儿和家长共同收集相关的南瓜材料,为幼儿进一步的探究提供了支持。在幼儿园的集体活动区角活动中，教师进一步引导幼儿玩一玩、切一切、挖一挖、滚一滚、画一画南瓜，在这个过程中幼儿通过游戏：南瓜对对碰/南瓜大战/南瓜赛跑，感知到了南瓜的硬度，了解南瓜滚动与速度之间的关系等；通过绘画欣赏活动，动手操作、大胆表达表现，幼儿创造能力得到发挥；在南瓜探究中生成新的探索点。最终，幼儿对南瓜种植产生了浓厚的兴趣。

活动实践：南瓜小组大探秘

观察实录	分析与回应
第一组：如何让南瓜子长出南瓜？ 南瓜子会种出什么？南瓜花、一棵树、叶子、太阳、南瓜。孩子们的猜测五花八门。通过投票，幼儿开始自己寻找答案。到底是湿湿的种子能种出果实呢，还是干干的种子才可以？要用什么样的工具来挖土？要挖多深呢？南瓜浇多少水才合适？为什么水从花盆流出来了？天气变冷，怎么让南瓜苗顺利过冬？在一个接一个的问题中，幼儿不断发现问题并尝试解决问题。 第二组：南瓜美食怎么做？ 餐厅厨师阿姨做的好吃的南瓜饼让幼儿赞不绝口。怎样和面？怎样包？怎样让南瓜饼更好吃？做什么造型更吸引人？问一问餐厅的大厨，查一查资料，用不同的材料试一试，在一次又一次的不断尝试中，南瓜饼的造型和味道得到了小朋友的一致肯定与赞美。	幼儿进行分组合作与探索，幼儿的探索来源于实践中的发现与兴趣，这也是幼儿探索的原生动力，只有激发幼儿的内驱力才能生发幼儿的进一步探索，引发幼儿的探索意识。在一个接一个的问题中，教师充分尊重幼儿的大胆想象与猜测，不直接告知幼儿答案，而是让幼儿有机会自行探索，提供充足的材料/空间鼓励幼儿自己寻找问题解决的办法。

猜想投票 环境支持：

根据幼儿的想法和猜测，将幼儿投票选举的答案以图片的方式呈现出来，坚定幼儿探索的信心，给予幼儿合理预期，帮助幼儿做好心理建构与支持。提供晾晒工具、记录纸笔,帮助幼儿记录南瓜子的发现,同时动手操作晾晒南瓜子,并对比南瓜子是否可以食用,与食用的南瓜子有何不同。

采访互动 谈话讨论:

对食堂阿姨进行了采访。在访问的过程中,孩子们学习了如何做南瓜饼、掌握了采访的方法,也更加了解厨师这个职业,体会到厨师们的不易,知道要尊重来之不易的劳动成果,更要尊重辛勤劳作的劳动者。在劳动中,孩子们意识到整理和合作的重要性,感知到这些品质可以让他们在做事情的时候更加地顺利和轻松,学会在协商中解决问题,掌握解决问题的方法。幼儿的价值观尚在形成期,他们对劳动认识仅仅停留在身体力行层面上,无法将其与其他意志品质和品德修养联系在一起。因此多维度开发他们的劳动视野,让他们感受到劳动价值的存在,了解合作在劳动活动中的重要性具有重要意义。

操作实验 改进创造:

怎样才能让南瓜饼更好吃呢? 教师为幼儿提供面粉、水、酵母、蒸锅、酱油、盐、醋等工具材料,引导幼儿带着问题进行实践探索,鼓励幼儿对自己的想法进行表达,并多次进行尝试。通过接力的形式,利用经验传送带把好的经验留下来,形成合力,让 $1+1>2$。

制订计划书:

南瓜节到底要做些什么呢? 教师引导幼儿通过计划书的形式回忆探究内容,梳理南瓜节事项。中班幼儿形成了制订计划书的需求,但是计划对于幼儿来说是比较困难的,一方面幼儿的前书写能力还不完全具备,另一方面,幼儿的计划是在实践的过程中慢慢思考实践出来的,具有一定的不稳定性,因此教师需要在这个过程中关注幼儿,及时调整教育方案,满足幼儿即时性的需求。

分组合作:

在与幼儿深入探讨后,鼓励幼儿自主商量分工,明确自身职责。中班幼儿在老师的引导下开始有意识地根据自己的经验进行分工合作,了解自己的角色和责任。幼儿在活动中,认知经验得到拓展,探究意识进一步增强,前书写水平有所提高,人际交往协作能力增强……各领域渗透引发幼儿全方位的做中学。

调整优化:

幼儿在节日的拟定中积极筹划排练,展示研究成果。在交流中尝试整理概括自己的探究过程,基于对自我的认知与评价,幼儿的情绪价值得到充分发挥,获得成功感、信念感,为未来的学习探究活动奠定良好的基础。

(撰稿者:上海市嘉定新城实验幼儿园 刘畅)

第三节

特需课程:满足个体幼儿的独特需求

特需课程是为满足幼儿个体持续发展的独特需求而设置的活动,旨在通过定制具有针对性的、可操作性的个别化的小型课程,帮助个体幼儿小步递进地获得持续的、最大化发展。

特需课程的设置源自满足幼儿特殊发展需要,是由幼儿个体发展需求生成的教育教学活动。教师在服务、支持和引导幼儿发展时,需要根据幼儿现阶段的发展水平、已有经验、家庭育儿状况等对特需课程内容进行选择,同时还要参照幼儿园课程理念和目标,对所选特需课程内容进行价值判断。并且,在实施特需课程过程中,需及时通过观察分析幼儿发展阶段,生成、调整、重组课程内容,使得幼儿发展与课程内容密切交融,从而促进幼儿个性化需求得到最大的满足。(见表3-2)

表3-2　特需课程内容

个体特需活动	情绪小主人	为易于冲动、具有攻击性或情绪等问题倾向的幼儿提供医教结合、家园共育等方面的支持。
	健康成长好宝宝	为肥胖儿、体弱儿等身体健康发展有特殊需要的幼儿提供生活、运动、家园共育等方面的支持。
	闪光宝贝	为在某些领域有特长的幼儿提供机会和平台展示自我,增强自信心。
	…………	基于个别幼儿发展需求动态设计课程。

课程智慧　3-3　妮妮玩滚筒的趣事

在运动场地上,我放置了四个白色的滚筒器械,小朋友们都很喜欢玩,有各种各样的玩法:有的喜欢站在白筒上面带动滚筒行走,有的喜欢坐在上面左右来回滚动,还有的会钻在滚筒里面向前钻爬带动滚筒滚动起来。通过观察,我发现妮妮在玩滚筒的过程中有一些困难,基于现场以及对她的持续观察,针对妮妮的运动能力提供了一些支持策略。

观察实录一:爬不上的滚筒

妮妮对滚筒十分感兴趣,一直想要去尝试爬上滚筒甚至想像好朋友琦琦那样站立并在滚筒上行走。只见妮妮趴在滚筒上,嘴里喊着:"谁来帮我一下?"然后,又跨起了一只脚翘在滚筒上想要坐上去,另一只脚在地上轻轻蹬了三下发现还是坐不上,就把脚收了回来。一旁的琦琦伸手一把拉住了妮妮,让她整个身体都趴在滚筒上面,琦琦前后用力滚动滚筒,妮妮的脚一会儿悬空一会儿着地。后来,妮妮又去尝试了两遍,她把腿放在滚筒上,手放在滚筒上,通过自己的力量怎么也爬不上滚筒,她还尝试背对着滚筒想要坐上去,都没有成功,但妮妮对滚筒始终还是很有兴趣。

【分析解读】

经过一段时间的观察,我们发现以下可能是导致妮妮爬不上滚筒的原因:

(一)个体因素

1. 运动能力

(1)下肢力量比较薄弱。在运动中可以看到妮妮的腿部力量是比较弱的,她尝试了三次用脚蹬地面的方式让自己爬上滚筒,但是三次没有成功。并且脚蹬地的时候,她是轻轻地蹬地,可以看出妮妮的腿部力量不足,没有足够的力量使自己能够趴在滚筒上。当同伴双手拉着她趴在滚筒上来回滚动时,妮妮的双脚是轻轻落地的,而且在帮助下的滚动幅度也是非常小,可见妮妮也是胆小、小心谨慎的孩子,双脚的力量也是薄弱的。

(2)平衡性和灵敏性比较薄弱。妮妮在多次尝试爬上滚筒的过程中,我发现她的平衡性和灵敏性是比较弱的,尤其在运动过程中,她的动作是比较缓慢的,当她用一只脚先跨上滚筒时,身体其他部位缓慢地跟上,身体还没有保持平衡就从滚筒上滑落下来。在与同伴互动中，滚动的过程也是缓慢的，因为她需要一定的时间来保持平衡和感受滚动的过程。妮妮属于超重幼儿，身体核心肌肉力量较弱，体重可能也会影响灵敏性和协调性，脚部力量无法抵住身体的重量。

2. 运动品质

妮妮的内心是比较胆小的，在平时的生活中，常常喜欢跟随同伴一起游戏，所以在运动活动中，遇到有挑战的活动会显得有些慢热，需要一段时间的观察和适应。妮妮对于滚筒的兴趣很高涨，尤其是她看到同伴可以自如地上下滚动并滚动滚筒时，她非常想要体验滚动的所带来的感觉。当她遇到困难的时候，她愿意一次次尝试，但发现自己不行的时候，又很容易放弃，或者去选择容易成功的游戏，对于有难度的游戏不太能坚持下去，运动的经验和方法是有些欠缺的。

（二）家庭因素

妮妮的运动时间和机会不是很多，每天来离园的路上，都是由外婆推着小推车接送妮妮，家长非常地呵护妮妮的成长，担心她走路太多会累，所以在家运动的机会比较少，家长也不够重视。妮妮在健康监测下处于超重的状态，饮食方面喜欢吃肉类以及甜食类的食物，所以体重方面没有很好的控制，身体缺乏一定的灵敏性。在与爸爸妈妈的沟通中，了解到幼儿在家的运动时间基本上是没有的，家长觉得妮妮不是一个好动的孩子，所以家长在运动能力方面的培养比较少。

（三）器械因素

场地上提供的滚筒有些大，有些高，滚筒直径高度高于妮妮的臀部位置，可能是由于妮妮的身高限制了她爬不上滚筒。妮妮通过一次又一次的尝试,还是无法爬上滚筒。场地上缺少一些辅助材料,如梯子、垫子、轮胎等有一定高度的器材,这些器材可以辅助妮妮爬上滚筒。

(四)教师因素

从案例中可以看出,教师对于妮妮这样能力较弱的幼儿差异化的指导是不够到位的,尤其是在环境创设方面,缺乏这一方面的考虑。在运动中通过观察、观测,妮妮是比较胆小的孩子,运动能力也相对比较薄弱一些,对妮妮一直是一对一的个别指导,对于需要个别指导的幼儿缺乏更加科学和系统的运动课程规划,个体运动发展能力的成效也不是很明显。所以在运动创设方面缺乏一定的思考,如何让薄弱的幼儿也有成功的体验感,能够多一些运动选择呢?带着这样的思考,我们设计了一系列的运动游戏以及相关的活动,重视个体幼儿的运动发展轨迹,不断增强幼儿的运动能力,使其得到相应的发展。

【教师支持】

1. 材料的选择

我发现滚筒是有大小之分的,大的滚筒直径高度高于妮妮的臀部位置,小的滚筒直径高度高于大腿的位置,相对矮了一些。于是,我就将这两种高度的滚筒都放置到运动场地上。在材料的选择上,给予妮妮一个梯度,可以尝试小一些的滚筒。作为观察者,我会继续观察妮妮爬上滚筒的行为以及她选择材料的情况。

2. 问题的解决

作为支持者,我觉得可以让幼儿在运动后有一个自评的过程以增强解决问题的能力。妮妮可以将运动后的心情以及运动情况进行一个自评，抛出在运动过程中的问题。对于妮妮爬上滚筒的这个难题，我们在运动后进行一个小小的分享会，通过集体的智慧帮助像妮妮这样上不去滚筒的小朋友，并且将同伴的方法进行借鉴和迁移，让妮妮设计自己的运动小计划。最后，我们一起想出了很多爬上滚筒的方法：可以借助轮胎爬上滚筒；可以先爬上小的滚筒积累滚动经验；可以通过同伴帮助扶着站立；还可以在滚筒上架木板增加滚动的摩擦力。在妮妮对滚筒有浓厚兴趣的时候给予一定的支持，在后续的运动中继续观察妮妮的运动情况。

观察实录二：我爬上滚筒了

妮妮在分散运动中，她首先尝试了小的滚筒，只见她右脚跨上了滚筒，双手扶着滚筒的边边，左脚尝试着蹬地使身体能够在滚筒上保持平衡，试了几次之后，妮妮发力蹬地，终于让滚筒滚动了起来，很快滚筒滚到了右脚那一边。妮妮用右脚撑地并再一次蹬地，身体滚动到了另一边，就这样来来回回，妮妮感受到了滚筒轻微的滚动。

妮妮来回滚动了三次之后就从滚筒上下来了，她走到滚筒路那边，站在轮胎上，右脚先踩在滚筒上，蹲着身体用力将左脚也踩在滚筒上，然后慢慢地直立起来，我和妮妮说："你可以尝试双手打开，保持身体的平衡。"妮妮试着慢慢地打开了双手保持身体的平衡，但还是摇摇晃晃的，她神情有些紧张，马上就从滚筒上跳了下来。

糕糕看见了，走过来对妮妮说："我们帮你扶着滚筒，你再上去吧。"说完，糕糕和攸乂一起走过来扶住了滚筒的两端，妮妮在同伴的帮助下再一次进行了尝试,勇敢地爬上了高高的滚筒并站了起来,开心地笑了。但是没一会儿,妮妮紧张地赶紧跳下了滚筒。

【分析解读】

通过运动分享会,幼儿问题解决的能力以及合作的能力有了很大的增强,其他幼儿的运动智慧给了妮妮很多有用的方法。妮妮选择了三种方式进行了尝试,第一种是选择小一些的滚筒,用跨坐的方式来感受滚筒滚动的趣味。第二种方式是用轮胎作为辅助,有了轮胎作为阶梯,妮妮也可以爬上滚筒并站立起来了。第三种方式是在两位同伴的帮助下让滚筒能够稳稳的不动,在这样安全的氛围下,妮妮有了足够的安全感,成功地爬上滚筒并站立起来。在三次挑战下,妮妮有了很强的成功体验感,运动兴趣被激发出来了,运动积极性更高了。但在爬滚筒的过程中,妮妮还是有一些担心和紧张,每一次尝试都是小心翼翼、十分谨慎的。妮妮自身的平衡水平还需要提高,从静态平衡到动态平衡的过渡也需要进一步的支持与指导。

【教师支持】

通过环境的创设和提供了大小不同的滚筒之后,妮妮在多次尝试之后终于可以爬上滚筒了,并且能够用身体部位使滚筒滚动起来。当她站立在滚筒上的时候,我发现她是十分紧张的,在指导下可以保持静态的平衡,坚持一两秒之后就要下来了,说明她的平衡能力还是比较弱的,心理上也是有些害怕的。因此,我制订了个别化指导计划,通过一日活动和家园互动来锻炼妮妮的胆量和平衡能力。

项目	原因分析	个性化指导方案	
		一日活动中的指导	家庭指导建议
平衡能力	1. 心理因素 2. 下肢力量和身体核心力量薄弱	1. 鼓励幼儿阶梯式尝试,慢慢克服障碍,感受不同的高度。 2. 和孩子玩"大雁飞"左右脚单脚站立的游戏。 3. 鼓励幼儿多走平衡木,从宽到窄过渡。 4. 尝试身体趴在滚筒上保持平衡不掉下来。 5. 在弹跳球上站立,保持静态平衡。	1. 增强下肢力量的运动:骑自行车、跑步、青蛙跳等。 2. 多参加户外运动,在家长的保护下尝试高处走,如石凳子、椅子等,锻炼胆量。
下肢力量	缺乏锻炼,下肢缺乏爆发力	1. 增加下肢爆发力的练习,如高抬腿、后蹬跑等。 2. 鼓励幼儿多尝试跑跳练习,如折返跑、兔子跳,增强下肢力量。 3. 自由活动时可以尝试越过障碍物跳,从低到高循序渐进。	1. 可以练习跳绳,增强协调性和下肢力量。 2. 增加运动量,可以在家跳高、跳远、追逐跑等,加强幼儿下肢力量的发展。

观察实录三:

在场地上,我创设了难易两条用滚筒、木板、梯子和人字梯组成的勇敢者之路。妮妮选择了一条滚筒矮一些的路进行尝试,她站在轮胎上,抬起右脚踩在滚筒上,收回左脚,双手撑着滚筒慢慢地站立起来,然后蹲着走向梯子,钻进第一个滚筒内。接着爬出滚筒走上木板独木桥,双脚交替向前走,再一次跳进滚筒,又爬出滚筒从木板上滑下去。成功挑战容易的勇敢者之路,妮妮想要继续挑战,她来到了高的滚筒之路,用同样的方法站到了高高的滚筒上,妮妮的双脚显得摇摇晃晃站不稳了,她连忙扶住人字梯,爬上梯子翻越了过去,然后一只脚慢慢地伸进高高的滚筒内,踩住地面之后再收回另一只脚。妮妮双手撑住滚筒的两边,身体靠在滚筒壁上,两脚踩着壁筒向上爬行,两脚跨出滚筒之后,妮妮用双手将身体支撑起来,坐在了滚筒边上。接着,又是走独木桥,这次的独木桥很高,妮妮挪动着身体,侧身先跪着再慢慢起身,调转身体往前走,顺利走过独木桥又来到了滚筒,用同样的方法妮妮从木板上滑行下来,挑战成功!

【分析解读】

在场地上创设了两条难易不同的勇敢者之路,让妮妮增强了自信心。当她选择第一条矮滚筒之路时,她觉得自己是可以挑战成功的,所以在翻越、行走、跨出滚筒等一系列动作中脸上的表情是十分从容、淡定的。当通过第二条路时,明显地感受到妮妮的身体是在用力的,她紧皱着眉头,攀爬出滚筒时手臂、身体都在用力,行走在平衡木上也有些紧张,眼睛一直盯着平衡木。

所以,通过对比观察,妮妮的运动水平是有所提高的,尤其是腿部的力量以及平衡的能力。在走平衡木时,她是双脚交替着向前行走的,并没有表现出挪步这样的行为,所以我觉得她的平衡能力在逐步增强。妮妮可以从高高的滚筒内攀爬出来,她的腿部力量和手部力量也在逐步增强。因为妮妮是轻肥幼儿,身体是比较重的,并且滚筒的高度在妮妮的胸处,但她可以凭借手部和腿部的力量一次就成功地从滚筒内攀爬出来,身体的核心力量也是有所进步的。

【教师支持】

通过一段时间的观察,我发现妮妮的静态平衡水平是有明显提高的,运动水平和运动品质也是在逐步提升中。但是在滚筒上静态站立两三秒之后,妮妮就会主动下来了,当滚筒有些晃动的时候,妮妮会本能地从滚筒上跳下来,所以针对妮妮动态平衡的表现,怎么样可以让滚筒滚动起来,我觉得可以从经验上支持妮妮。可以针对这个问题再一次进行运动讨论会,让同伴的经验转化为妮妮的经验,并多鼓励妮妮去尝试积累经验。同时,还可以用视频、照片的方式进行分享。

通过运动后的自评环节,妮妮结合运动过程中的问题以及心里的感受,将自己的想法、尝试的多种玩滚筒的方法记录下来,大家也鼓励她多挑战、尝试滚筒的不同玩法。在体育活动中,可以让妮妮试试荡荡桥、转椅、半圆形有弧度的轮胎等运动器械,增强自身的稳定性和动态平衡的能力。

（撰稿者：上海市嘉定新城实验幼儿园　张泇枫）

第四章

"我的课程"之法

　　"我的课程"尊重儿童的需求,支持儿童的成长,开展高质量一日活动。从儿童需求出发,关注幼儿学习的过程,强调过程中持续观察幼儿的发展情况,倡导根据幼儿的发展状况,动态调整课程实施。"我的课程"本质是以幼儿全面发展、主动发展和个性发展为内核的螺旋式上升过程。

| 第一节 |
生活,我们都很棒

"我的生活"是幼儿自己的生活,它贯穿幼儿园一日活动全过程,是幼儿在园的真实生活经历。幼儿在其中掌握基本的自理能力、养成健康的生活习惯、发展积极的生活态度,建立与社会环境的和谐关系。

我们创设以幼儿为主体的生活环境,以基于幼儿需求差异化组织实施生活活动为主要途径,支持每个幼儿在自理中自立,在共同成长的过程中逐步学会自我管理,成为自己生活的主人。

一、创设以幼儿为主体的生活环境

"我的生活"创设的以幼儿为主体的生活环境有如下要点。

第一,共建式的生活布置。生活环境创设是教师支持幼儿实现生活教育目标的重要途径。"我的生活"关注教育目标与幼儿参与间的辩证关系,通过生活环境的"留白"保证既能够实现幼儿主动参与布置设计,满足幼儿的各种生活需要和多样化的自主愿望,又能够全面、充分地发挥生活环境应有的教育价值。

第二,差异化的材料支持。为看到和回应不同幼儿不同的需要,差异化的材料支持要素有二:一是分层性和丰富性,以幼儿自理活动为例,材料分层性主要体现在按照自理能力的难易程度,确定材料等环境支持的先后顺序。丰富性即材料的提供要多样,并且能够体现对个体幼儿生活需要的关注,特别是肥胖儿、营养不良儿、近视儿及其他有特殊生活需求的孩子。二是自主性和参与性,即在提供各类差异化材料支持的同时主张幼儿自主选择,在符合保育要求的情况下允许幼儿共同参与到材料的创设中,尊重幼儿作为生活小主人的主体权利。

第三,自评式的内在驱动。即以引导幼儿通过积极的自我评价,提升形成自身良好生活行为习惯的内在驱动力为指导,与幼儿共建自评环境。通过幼儿积极的过程性自评,帮助幼儿养成良好的生活习惯,形成热爱生活的积极态度。

自评式的内在驱动有如下特点:一是评价目标由"关注行为"转向"关注品质"。在目标的设计方面,既考虑到外显的幼儿生活行为表现目标,也考虑到幼儿在过程中内隐的积极主动、热爱生活等品质的发展。二是评价内容由"统一要求"转向"因人而异"。每个幼儿的兴趣爱好、已有经验、能力等方面都存在区别,统一的评价内容显然不能充分激发每个幼儿的内生动力,甚至可能挫伤幼儿的积极性。"我的生活"的组织实施中,倡导依据幼儿的不同年龄、能力、兴趣等赋权教师充分发挥教育机智,以更加开放、自主、因人而异的原则与幼儿共同商议评价内容、鼓励幼儿自定评价内容。三是评价方式由"教师主导"转向"多样自主"。在评价方式的创设上应提供尽量多的空间,根据幼儿年龄、能力特点启发、诱导幼儿在自身的能力水平上自主选择、设计评价方式,自主记录、合作记录成长过程等。

第四,营造幼儿喜爱的生活氛围。"我的生活"关注集体生活中的心理环境营造,主要体现在三个方面。一是倡导教师以多种途径在班级中营造快乐、积极、平等、包容的人际氛围,帮助幼儿养成乐观向上的心态和对集体生活的热爱。二是营造"我要自己做"的心理氛围,维护幼儿自我照顾的天性,激发幼儿动手劳动的自豪感;激发"我们一起做"的温馨互助,焕发幼儿的集体归属感、荣誉感。三是营造对生活中"寻常时刻"的敏锐的感知氛围,关注日常经验的再生性,维护幼儿在日常生活中学习、发现,主动探究事物的热情。

二、基于不同幼儿需求,差异化组织生活活动

"我的生活"倡导把握育人目标,结合园本化的幼儿行为观察表和轶事记录,观察、记录和解读班级幼儿发展需要。在满足班级大多数幼儿学习与发展需求的基础上,根据部分、个别幼儿的发展水平和发展需要,差异化地组织生活活动。(见表4-1)

表 4-1　"我的生活"差异化实施路径

面向人群	实　施　路　径
全体幼儿	生活小计划,榜样示范、儿歌渗透、游戏体验、阅读拓展、自由休闲活动、家园共育活动等。
部分幼儿	游戏体验,自助活动、互助服务活动等。
个体幼儿	个别生活加油站、家园共育活动等。

在活动的组织实施中,"我的生活"鼓励幼儿自主表达需求,尊重幼儿主动选择、自主决定的机会和权利,创新生活活动组织形式。避免指令性地、被动地开展生活活动的局面,给幼儿更多按照自己意愿主动选择和决定的机会和权利,为幼儿创造主动生活的机会,养成自理能力和良好卫生行为习惯。

三、家园与医教合力,支持个性化的生活需要

"我的生活"关注每个幼儿生活活动的不同需要,建立育儿百宝箱机制,通过与家长的定期沟通和联系,引导家长利用检核表了解、记录孩子在家的发展情况,帮助家长理性、客观地认识幼儿在生活自理、生活卫生习惯、交往礼仪等方面的发展,家园合力共同培养幼儿良好卫生习惯与自理能力。面对具有个性化发展需求的幼儿,教师制订个别化生活方案,通过"个别指导＋家园共育＋医教结合"的方式,全面系统地给予幼儿生活支持。

课程智慧　4-1　整理床铺那些事

一、项目缘起

一天午睡起床,孩子们看到小宇的被子掉落在地上,便议论

起来。小远说："老师,小宇的被子掉到地上了。"卡卡说："他床柜里的裤子和袜子也掉出来了。"萌萌说："他的鞋子为什么也在床里呢……"班级孩子在午休起床后经常忽略整理床铺这件事,往往不叠被子就直接走开,缺乏自主劳动的意识,偶尔还会把粘在衣服上的饭粒、鞋子上的塑胶颗粒带到小床里。

二、项目设计与实施

(一)整理初探究——聚焦问题,丰富经验

实录一:

午睡起床,大家都陆续在穿衣服,已经穿好衣服的雯雯突然叫起来："小宇,你的被子都掉在地上了,我都走不过去了。""老师,马里奥被子没叠就出去了!"有小朋友在另一边喊,"是呀!这太乱了吧"……

1. 讨论会:床上乱糟糟怎么办?

(1)集思广益——通过谈话活动引发幼儿对整理床铺的思考,孩子们根据自己已有的生活经验进行讨论和阐述。

菜菜:"起床后要把被子叠好,这样就不会掉地上了。"

马里奥:"要把床垫铺铺平,不然就皱巴巴的。"

阳阳:"衣服、裤子要放在袋子里收起来。"

(2)表征梳理——孩子们知道整理床铺的关键是学会叠好被子,要把被子铺平和对折;并且尝试运用不同的记录方式梳理步骤,把经验变得更加可视化。

2. 整理计划之"叠被小能手"

在有了一定的经验之后,孩子们午睡醒来时,都开始迫不及待地尝试主动叠被子。尽管预想了很多有效的方法,但实际的现场却不尽如人意。

遇到的问题：被子叠得歪七扭八，或者直接团成一团。

我们的计划：

有了第一次的尝试后，孩子们针对自己在叠被子过程中出现的问题进行了进一步的反思、计划和调整。

心心："在折之前要把被子铺平，这样就不会拱起来了。"

雯雯："被子的边和边都要对齐。"

贝壳："叠的时候，应该把被子的长边往里折。"

珠宝："把被子两端往里折的时候，中间要留点空隙。"

（1）经验讨论会：怎么区分被子的正反、前后？

（2）叠被技能赛——通过实践和展示平台，互相学习叠被子的经验和方法。

（3）床铺检查员——幼儿轮流担任检查员，午睡起床后对其余幼儿的整理床铺情况进行评价和记录，激发大家自我服务的意识。

（二）拾掇新挑战——反复尝试，解决问题

实录二：

孩子们准备脱衣服入睡了，卡斯滕把毛衣、外套脱下，直接塞进床柜里，由于太满了，外套的衣袖留在了床柜外面；琳琳把衣裤叠整齐准备放进床柜，但是发现叠太高了导致床柜关不上；小喆把换下来的鞋子直接同衣服丢在一起……

床柜里太满了，装不下？

引导幼儿去发现床柜里都放了哪些物品，说说哪些是需要的、哪些是不需要的，并进行记录和汇总。

第一次整理：分区储物，干净卫生；第二次整理：内置收纳，节省空间。经过讨论，孩子们总结出，对于睡上下铺幼儿的床柜，可以用"大套小"的方式将小物品收纳到大的袋子里,以达到节省空间的目的;此外,还可将马甲、外套等大件衣物挂在卧室公共区域。幼儿将自己这一阶段积累的整理好方法,以视频或录音的方式记录下来,同伴之间可以互相学习、借鉴。(墙面上以二维码或录音贴的形式呈现)

(三)清理多样化——学习技能,快乐生活

实录三:

一天,孩子们在整理床铺时,萌萌指着自己床铺上的"黑点点"说:"老师,我床上有脏东西。"大家纷纷凑过来看:"这是什么呀?""是灰尘吧!""我床上还有好多头发呢!""这是我中午吃的米饭粘在床上了!"……

1. 讨论会:脏脏的一平米,该如何清理?

六六:"把脏东西捡出来扔进垃圾桶。"

欣欣:"可以用刷子刷干净。"

小曦:"可以用那种粘毛的滚筒刷,我在家里看到妈妈用过。"

…………

2. 整理计划之"清理多样化"

行动一:清扫工具初尝试。

(1)搜集工具(幼儿分小组选择喜欢的工具来清理自己的床铺)。

(2)梳理问题(幼儿将自己实践操作中的发现记录下来,教师进行梳理)。

幼儿发现: 滚筒上粘了好多头发,还有一些脏东西,黄黄的、黑黑的、绒绒的……	幼儿发现: 刷来刷去,脏东西还在那儿。	幼儿发现: 我们也粘到了一些脏东西,但是一不小心胶带就粘成一个团了。

（续表）

教师梳理： 滚筒小且易操作，能较直观地看到结果，但滚筒刷完脏的一面幼儿较难撕下。	教师梳理： 缺乏计划性和一定的方法，刷到哪里是哪里。	教师梳理： 胶带和滚筒都是粘的方式，但胶带操作的技巧性更高。

行动二：清理方法巧变换，幼儿将不同工具个性化的清洁方法记录下来。

行动三：加强清洁更健康。

（1）除螨仪威力大——看不见的灰尘该怎么清理呢？

（2）晾晒行动我能行——怎样让被褥更加干净、卫生？

三、项目复盘

在实施了一段时间的项目活动之后，班中幼儿对于整理床铺的技巧以及经验的确都有了很明显的提高。但是，我们也在思考，难道这个项目主题活动就这样结束了吗？不，孩子们的探究和学习仍在继续……

对于大班的幼儿来说，评价是检验他们学习成果的一种重要手段，也是激发他们学习内驱力的方式之一。此外，整理的习惯是需要长程培养的，我们还需结合家园共育，将"整理"融入幼儿的日常生活，化任务为习惯。

（撰稿者：上海市嘉定新城实验幼儿园　邓嘉雯）

课程智慧　4-2　饭菜香香

一、现场与实景

实景1：吃饭时间到了，伴随着轻音乐，幼儿们开始吃饭了。这时老虎桌传出了说话声，教师走去提醒孩子们专心吃饭不说话。大约安静了两分钟后,小鸡桌的小孙和小陆开始聊天……小兔桌的小王对小金说:"你看我的菜。"他指了指自己碗里的菜。小金说:"比我的多。"教师听闻后,走去小鸡小兔桌提醒他们专心吃饭,不说话。那边小方玩起了勺子,教师又走到小方身边,提醒她不玩勺子,一口饭一口菜一口汤吃饭。刚刚照顾好小方,旁边桌的小亦转过身子看身后的朋友自己不吃饭,教师又提醒小亦坐好。孩子们吃饭时边吃边玩,吃得很慢。

实景2:"老师,这个是什么菜?""老师,我不要吃这个。""老师,我吃不下了。"每天午餐时,孩子因为这样那样的原因告诉老师不想吃,近一半的孩子有剩菜剩饭。轩轩、熙辰和蛋蛋整个手掌抓住调羹往嘴里送,桌上身上弄得都是米粒。昊然、妤杨、小杰、芃芃……一口饭包在嘴巴里咀嚼好久,等着老师阿姨喂饭。吃饭成了一件困难的事。

二、发现与解读

通过对幼儿吃饭的观察后,我们发现大部分幼儿吃饭时不专心,存在边吃边玩的现象,吃饭时需要教师或保育员喂,挑食;个别孩子没有掌握正确拿勺子的习惯。针对上述问题,我们参考《生活》《指南》用书中小班幼儿进餐的相关内容,制定了量表,对班级中的幼儿进行了更为细致的观察。

观察内容主要分为:1. 细嚼慢咽、但不包嘴巴;2. 不挑食、不偏食;3. 不边吃边玩;4. 按时进餐(30分钟);5. 定量进餐(食物全部吃完);6. 熟练地用勺子吃饭(自己吃)。

在一周的连续观察后发现,有8名幼儿存在包嘴巴的现象。51.6%的幼儿(16名)较为挑食偏食,尤其是绿叶菜。只有2名幼儿能在规定的30分钟内吃完饭,其余幼儿用餐均超时。在使用勺子方面,有 3 名幼儿没有正确使用勺子。在教师的鼓励下,两名幼儿不能将所有食物都吃完,此项目达标率最高为 93.5%,但是吃饭速度普遍很慢。

三、设计与实施

1. 家园共育事半功倍

我们通过微信群和家委会的成员进行了相关的讨论,家长们纷纷表示幼儿在吃饭上是存在相关问题的,同时也愿意配合教师进行相关的活动。得到家委会的支持后,我们通过一次家长会向家长们传达了活动的计划,希望通过一系列的活动帮助幼儿改变吃饭的不良习惯。

首先,我们向家长发布了一份活动通知。告知家长我们将开展哪些活动,这些活动的目的,活动开展的方式以及家长需要配合的内容。

其次,我们为家长提供了家庭版进餐情况记录表,告诉家长填写记录表的目的是为了让老师更全面地了解孩子的进餐情况,提供个性化的指导。这张表格是在老师观察表的基础上改进的,内容一样,但是对观察的指标做了具体的描述,例如:标明了进餐时间为 30 分钟,定量进餐是指把食物全部吃完等,同时告知家长可以用符号也可以用文字进行记录,周五下发,下周四回收。这样做的目的是方便家长的记录,也让记录更加有效。

通过对照幼儿园和家庭的进餐情况,我们每周对幼儿的进餐情况做出反馈,主要包括:老师的话和家长的话。"老师的话"包括:本周平均进餐时间、幼儿喜爱的食物和不喜欢的食物、本周进步的地方和需要继续努力的方向。这样做的目的,是为了让家长明确孩子在进餐方面的发展,在家中做好配合。"家长的话"部分,家长可以根据幼儿在家进餐的情况与老师互动,这样做的目的是为了让老师更好地了解孩子与家长的需求。

此外,我们还开展了微信打卡活动。请家长每天在微信群中上传孩子自己吃饭的照片和视频,鼓励孩子在家里也自己动手吃饭,同时督促家长不要包办代替。每周活动结束后,我们会统计打卡的次数,给孩子发一张打卡记录小贴纸。肯定孩子和家长的努力,鼓励他们坚持下去。孩子们很喜欢这张小贴纸,家长们看到老师每天都在关注孩子的进餐情况,会更加认真对待这件事,配合度很高。

2. 幼儿园课程同步实施

在幼儿园中,我们也设计了相关的活动。

首先,在个别化活动中,投放了给小动物喂食的相关材料。制作了贴有小动物的相关盒子,投放大小质地不同的两种材料请个别拿勺子还不熟练的幼儿每天进行操作。

其次,每天吃饭前,请幼儿进行餐前小广播,说一说今天的饭菜汤,增强幼儿对吃饭的兴趣。我们提前一周给家长发布菜谱,家长可以在家里帮助孩子了解下周吃的菜,增加孩子对于食物的熟悉度,同时指导孩子在家中学讲菜谱。

再次,吃饭时,投放了 30 分钟的时间沙漏,让幼儿对时间的流逝有一定的概念,看着沙漏里的沙子慢慢变少,激励幼儿珍惜时间。孩子们很喜欢这个沙漏,有的孩子回家主动要求妈妈也买一个沙漏放在家里吃饭的时候使用。

最后,结合绘本如《肚子里的火车站》给孩子讲述吃饭的故事,帮助幼儿改善吃饭时含饭不吞、挑食的习惯。

四、评价与反思

活动持续了三周,幼儿吃饭的问题有了明显的改善。

1. 进餐时间缩短。活动开始前,幼儿进餐用时近 1 个小时,会影响中午的阳光活动。活动开展后缩短至 40 分钟。

2. 进餐习惯得到明显改善。主要表现为:首先,吃饭包嘴巴的现象已经减少到两名幼儿。其次,绝大多数的幼儿能在老师鼓励下,将所有的饭菜汤吃完,挑食现象基本没有。最后,1 名幼儿纠正了进餐握勺姿势,能够熟练使用调羹;一名幼儿纠正了握勺姿势,进餐还不熟练;还有一名幼儿需要继续学习。

3. 进餐自主性增强。边吃边玩的现象有了很大的改善,已从班级普遍现象逐步转变为个别行为。幼儿吃饭的主动性得到了提高,有了要自己吃饭的意识,而不是等待教师或保育员喂食。从原先惧怕吃饭到现在很自豪地自己吃完饭。

(撰稿者:上海市嘉定新城实验幼儿园 刘盈霜)

课程智慧　4-3　穿脱衣物小达人

一、现场与实景

班里有 32 位小班幼儿,每到午睡时间穿脱衣服的时候,有一半以上的孩子都在呼唤我。"这样下去不是办法,孩子们都习惯地等待成人的帮助。"在与搭班老师沟通后,我们决定共同采取行动,改变班级这一现状。

二、发现与解读

(一)幼儿分析

本班孩子们在穿脱衣服时面临哪些困难? 为了获得准确的

班级情况,我们针对班级幼儿穿脱衣物现状进行了观察。班级绝大部分幼儿有自我照顾的意愿,有尝试主动穿脱衣裤的行为,但能力不足,约有一半的幼儿不能独立正确地穿脱衣裤,困难点集中表现在:约46%的幼儿在穿脱衣服时面临区分正反面的难题,其中两名幼儿基本无法区分衣服正反面,个别孩子在部分时候无法区分衣服正反面。约68%的幼儿无法将脱反的衣裤翻正,其中8名幼儿基本无法将脱反的衣裤翻正,个别孩子有时无法将脱反的衣裤翻正。约65%的幼儿不能扣简单的扣子,不会拉上或拉开拉链。

(二)家庭分析

通过家园沟通发现,三名特别需要帮助的幼儿的共同点都是在家主要由祖辈照看,替代包办严重,在家缺乏自我照顾的机会。幼儿是主动的学习者,但家人的过度包办往往"剥夺"了幼儿自主学习和成长的机会。同时,人脑虽然具有极强的学习力,同时也具有"惰性",幼儿如长期缺乏独立自主的机会,将养成"衣来伸手、饭来张口"的不良习惯。对幼儿进行支持已经势在必行。

三、设计与实施

(一)难点分解

根据观察表,结合幼儿穿脱衣裤的需求,我们分析了幼儿穿脱衣裤时的几个难点。

1. 正反面的区分:小班幼儿年龄较小,思维以直观行动、具体形象性为主,因此在区分正反的时候,需要成人帮助他们归纳出一个"记忆锚点",把复杂的问题、现象以简单、形象的方式呈现给他们,比如告诉孩子"有图案的地方是正面",并作出示范。

2. 翻正脱反的衣裤:这一步其实有两个困难点,第一是孩子们需要分清楚哪一面是正面，哪一面是反面。在分清正反后，则需要考虑"如何将脱反的衣裤翻正"。与第一点一样，小班幼儿抽象概括的可能性尚在萌芽阶段，因此需要我们成人将抽象的过程具体化、形象化地展示出来，比如说可以通过编儿歌的形式，将步骤简化，令方法生动形象，便于幼儿理解，并且在示范的过程中注意发挥视觉提示的作用。

3. 扣子、拉链的难点：小班幼儿手部肌肉力量偏弱，手部精细动作正处于发展中，因此拉拉链、扣扣子等活动对于他们而言是有一定挑战的。我们一是请家长为孩子准备易于穿脱的衣服（比如大纽扣、大拉链的羽绒外套等），二是锻炼幼儿手部的肌肉力量，关注幼儿手部精细动作的发展，三是为幼儿提供直观形象的方法支持。

（二）活动支持

1. **集体活动：**"我会穿脱衣"。在活动中通过游戏的形式，对孩子们穿脱衣服时常常会遇到的问题作出了示范，并且有重点地关注个体幼儿。

2. **谈话活动：**说说我的好办法。基于集体活动中幼儿表现出强烈的表达愿望，我们在班级里利用碎片时间展开了"我的好办法"谈话活动，给幼儿充分的自我表达的机会。一是满足幼儿的表达愿望，锻炼语言表达能力；二是实现同伴经验的迁移。同时，也让我通过倾听，对幼儿穿脱衣情况加深了解。

3. **游戏活动：**给娃娃穿衣。通过在娃娃家投放了一些新的冬季衣服，比如小毛衣、带大纽扣的毛线开衫、羽绒小外套等孩子们最近经常在接触的衣服，让孩子们在平时娃娃家做游戏的时候就能在潜移默化中练习穿脱衣服。

游戏过程中，我将不同幼儿的游戏行为进行记录，发现部分孩子们只愿意给娃娃穿他们自己本身会穿的衣服，从来不去尝试自己不会穿的衣服。如何激发幼儿走出"舒适区"，通往最近发展区？我开动脑筋、改变材料，通过投放带魔术贴的新衣服，并配上各式各样的不织布花朵、动物魔术贴，鼓励孩子们先用带魔术贴的花朵、图形等装饰衣服，再给娃娃试衣、搭配，调动起孩子们给娃娃穿脱不同衣服的兴趣，激励幼儿产生新的探索行为。

4. 个别化活动：给小动物喂饭、串珠子、撕纸贴画等。为了帮助孩子们锻炼手部小肌肉的力量，促进孩子手部精细动作的发展，我们在个别化活动区域"上架"了一批新的活动，比如给小动物喂饭（"舀"的动作，锻炼手部肌肉控制能力），串珠子（手部精细动作、手眼协调能力），撕纸贴画（加强手部小肌肉力量）等，让孩子们在个别化活动的过程中，不知不觉增加了小手的本领，在扣扣子、拉拉链的时候小手就更有力、更灵活了。

（三）自己穿脱本领大（关注儿童穿脱衣服的情感体验）

通过前一阶段的活动，班级里大部分孩子都掌握了一些穿脱衣服的方法，但是在实际操作的时候比较生疏，而且自我照顾的意愿也不强烈。小部分孩子明明自己会穿衣服，也常常来找老师，希望老师能帮着穿，或者把衣服放在一边发呆，不愿自己穿脱，被动地拖延时间。我能够理解对于小班的幼儿来说，更愿意撒撒娇、等大人来帮忙。但是为了幼儿的成长，我们希望能够在情感态度上帮助他们建立起自我照顾的意愿，从小培养他们做力所能及的事。

1. 集体活动"阿立会穿裤子啦"。通过生动的绘本故事，感受故事主人翁自我照顾时的快乐感和成就感，激发幼儿萌生自我照顾的愿望,尝试穿脱衣服。

2. 帮一帮、赛一赛。一是鼓励幼儿互相帮助,比如先穿好衣服的孩子可以去帮助有困难的孩子,孩子们互相帮助时说说笑笑,穿脱衣服变成了一件开心的事儿,你帮我拽拽袖子,我帮你套套毛衣,孩子们穿脱衣服更有劲儿了,责任心也在这个过程中建立起来了。二是开展"穿脱衣服小达人"的小组比赛,孩子们比一比谁穿得又快又好,激发幼儿学习穿脱衣服本领的积极性。

3. 环境创设:互动墙贴。我们在教室里结合孩子们喜欢的绘本制作了关于穿脱衣服的互动墙、集星卡。同时利用卧室里空余的墙面,贴上了生动有趣的提示板,给幼儿展示穿脱衣时的顺序和小技巧,营造出轻松愉快的气氛。

（四）家园合作

《幼儿园教育指导纲要》指出:"家长是幼儿园教师的重要合作伙伴。应本着尊重、平等、互惠的原则,吸引家长主动参与幼儿园的教育工作。家园配合,使幼儿在园获得的学习经验能够在家庭中得到延续、巩固、甚至发展。"父母是孩子最重要的老师,家园合作是生活教育目标得以达成的重要一环。

1. 个别谈话。我们对平时穿脱衣服能力较弱,且放假回校后表现反差最大的幼儿家长进行了约谈,除了做通父母的工作外,还与祖辈进行了沟通,取得祖辈家长的理解支持。

2. 家园双向观察。我们制作了一张家园观察表,观测表上详细记录了孩子穿脱衣服时可能会遇到的困难及对应的指导方法。家长可以按照表格的提示对孩子穿脱衣服进行科学观察和指导。

3. 家长朋友支支招。我们把班级孩子们面临的问题与家长进行了分享,请大家一起来想想好办法,为孩子们支支招。比如分不清衣物正反面的孩子,家长提议可以准备一些刺绣"小贴纸",家长缝制在孩子的衣服上,告诉孩子们有"贴纸"的地方是正面。通过教师和家长开诚布公地讨论,家长对活动充分认可、对方法充分了解,回家后纷纷响应。家长的理解与配合,大大降低了孩子们区分衣物正反面的难度,增强了幼儿独立克服困难的自信心。

4. 微信视频打卡:自己穿脱衣服。我们请家长每天晚上睡觉前,拍摄孩子自己穿脱衣服的小视频,放在班级微信群里做一个小小的微信打卡活动。家长们的参与热情很高,几乎每天晚上都有超过四分之三的家长在微信群里打卡自家孩子穿脱衣服的视频。第二天,我们老师也会将这些视频利用碎片时间在班级里展示给孩子们看,请有好办法的孩子进行分享,孩子们非常喜欢。

四、实施与评价

(一)根植真实的生活,家园联手重塑幼儿良好行为习惯

幼儿良好的行为习惯需要在真实生活中通过模仿和反复而逐步形成,父母是孩子主要的模仿学习对象,家园合作是生活教育目标得以达成的必不可少的一环。这次的"穿脱衣物小达人"活动前后用时大约一个月,活动效果是非常显著的。我们在刚开始的时候,还没有和家长进行配合,可以明显觉察到只有幼儿园"单枪匹马"的教育很难达到良好的效果。意识到问题后,我们在后半阶段全程保持与家长紧密的沟通与合作,获得家长的理解与配合。双管齐下,孩子们穿脱衣服的积极性更高,较快地掌握了技巧,良好习惯逐步形成。在此过程中,家长与老师建立了更加密切的联系,不断夯实家园间的信任和良好的关系。

(二)高低结构教育活动的融合,游戏让孩子自主建构经验成为可能

活动化和游戏化是推动幼儿自主学习的主要路径。在生活教育上,教师更应当尊重幼儿的主体地位,让幼儿在游戏中探索、在生活中经历,从而主动获取有益经验。在我们这次教育过程中,充分融合高低结构的教育活动,丰富幼儿的学习经历。同时注重环境的创设,发挥环境潜移默化的教育影响。同时,生活教育的目标不止是帮助幼儿学习照顾自己,更重要的是引导孩子们遇到问题愿意想办法克服,从学习"自理"到学会"自立"。因此,这次活动中我们非常注重充分运用轻松愉快的游戏、活动,引导孩子们在与环境的积极互动中得到发展,事实证明,最后的效果是令人可喜的。

(撰稿者:上海市嘉定新城实验幼儿园　刘梦莹)

┃ 第二节 ┃
游戏,我们自主快乐

《3—6岁儿童学习与发展指南》强调"以游戏为基本活动""珍视游戏和生活的独特价值",就是指导我们去观察、发现、理解、支持儿童,我园在实践探索中立足于这种认识,在儿童的一日生活中强调儿童的完整性、主动性、连续性、差异性,在以游戏为基本活动的幼儿教育模式下,将"儿童权利"还给儿童,使幼儿处处获得真实的体验,时时刻刻主动探究、积极思考,让幼儿在深度体验中自然发展。

一、开放而自由的环境,为幼儿游戏提供无限的可能

(一) 多元室外游戏环境

我园在建园初就秉承着"将空间最大限度地留给孩子"的原则,合理规划了室内外环境,并针对不同的游戏区域合理地进行了材料的投放。如:山坡上的小布屋、有趣的滑道、布满树桩的山坡、拥有户外厨具的草坪、随处可创意的涂鸦墙、大型的户外建构材料等。一系列的环境创设和材料投放,使我园户外游戏场地更具自然性、开放性和野趣。这几年,我们不断优化户外场地资源,充分利用自然资源的特性,让幼儿与自然物(树木、花朵、昆虫、草地等)尽情互动,满足幼儿户外游戏的需求。

(二) 充足便捷的材料投放

从儿童的需求出发,幼儿园为幼儿提供了充足的游戏材料和配套设施。为更好地服务幼儿在户外游戏,支持幼儿户外游戏的自我管理以及对游戏材料取放需求,我园在户外场地投放了大量的儿童玩具收纳设施,并就近安置在游戏区域的周围,同时还配备了多样的游戏装备,以适合不同天气和区域。

(三) 灵活的游戏时间安排

一小时的游戏时长并不是一成不变的,一周的场地轮换也不是固定不变的,教师可以根据幼儿的游戏需要灵活调整。一小时时间结束,孩子们的探索还没有完成,势必会影响他们的游戏兴致,打断他们的探索欲;我们一般会满足孩子的兴趣,约定时间,延长一段时间。还有的班级主题建构没结束,孩子们还在不断探索解决建构中的问题,一般会与其他班级协商场地和材料,满足孩子对问题探究的兴趣。

二、教师专业而有温度的观察，为理解幼儿奠定基础

（一）赋予儿童权利，我的游戏我做主

在"我的游戏课程"中，儿童最大限度地拥有掌控游戏的权利。在游戏过程中，儿童自己把控游戏进程，游戏中"玩什么""怎么玩""玩多久"都由儿童自己决定和掌控。

儿童可以在游戏场地中选择任何看见且可以为之所用的材料；儿童可以自主选择与谁一起游戏，也可以选择独自游戏；儿童可以自主确定游戏主题、游戏内容；儿童可以自主决定游戏的走向、游戏的进程；儿童可以决定游戏中时间的安排；儿童也可以在该环节不游戏……

在游戏过程中，教师观察幼儿的需要，了解幼儿的生活经验。因为游戏是幼儿对现实生活的再现，幼儿只有具备了某种经验，才可能在游戏中表现出来，成功的体验来源于经验的获取，生活经验越丰富，幼儿游戏的情节就越丰富，在游戏中的主动性、创造性也就越强，因此我们重视幼儿丰富的生活经验的积累。同时，我们的教师善于从幼儿视角理解幼儿的游戏，他们乐于观察幼儿在玩什么？怎么玩？从幼儿行为理解游戏，从游戏理解幼儿的学习与发展，支持幼儿的发展，满足幼儿"快乐玩，有效学"！

（二）欣赏接纳幼儿，观察识别幼儿发展需求

我们充分尊重幼儿的游戏意愿，欣赏、认同游戏过程，观察幼儿游戏行为，分析幼儿的游戏水平，识别幼儿学习与发展中的需求，满足不同幼儿的需要。提供充足的时间让幼儿去探索和体验游戏过程，让幼儿在游戏中大胆表达自己的各类需求，实践自己的想法，大胆自信地与他人互动交往；鼓励幼儿在游戏中遇到困难和挫折时，尝试各种解决问题的方法。教师可以运用游戏中发生的事件，让幼儿在真实情境中学习觉察自己的需求和动机。

除了观察了解幼儿游戏中娱乐本身的需要外,还要从幼儿的游戏行为和情感态度中学习观察、解读和识别幼儿的生活经验,以及身体、语言、情感、认知和社会性等方面的现有发展水平,把握幼儿后继的学习和发展需要,从而为幼儿下一阶段的学习创设适宜的教育环境,投放相应的材料,组织合理的教育活动。

三、有效的回应支持,为儿童成长助力

(一)遵循"非必要,不介入"原则

在观察幼儿游戏的过程中,教师要善于等待,不随意介入,落实"非必要,不介入"的原则,最大限度不干扰儿童深度体验、自主探索、自主解决问题。总体来说,教师可以在以下时机介入:当幼儿在游戏中因遇到困难、挫折,难以实现自己的游戏愿望时;当幼儿在游戏中有不安全的倾向时;当幼儿在游戏中主动寻求帮助时;当幼儿在游戏中出现过激行为时;当幼儿在游戏中反映不符合社会规范的消极内容时。

教师在经过多次观察和分析后,可以采用适合的方法助力幼儿成长,但以不干扰和打断幼儿的游戏为前提。教师可作为玩伴参与到某一幼儿、某一主题的游戏中去,或在一旁与幼儿开展平行游戏以示范和暗示,也可作为游戏旁观者给予建议、欣赏和鼓励,还可以根据幼儿需要组织交流,引导幼儿讲述游戏中的趣事和困惑,并针对问题开展讨论,分享交流其教育意义。

(二)树立整合思维,柔活游戏与其他活动的边界

游戏中能够生成课程。幼儿在游戏中通过与人、事、物的互动,会表现出创造想象、交往合作、操作探究的需求,教师需要通过观察评价了解幼儿表现出的个性化需求,同时判断需求背后可以生成的教育内容。经过价值判断后,在其他类型的游戏、其他领域中满足幼儿的需求,帮助幼儿在游戏中建构更多元的经验,获得多方面的发展。

课程智慧　4-4　六角凉亭

在“我是中国人”的主题背景下，由芊芊、心心、小唐、芮芮四人自由组合而成的小组围绕“中国特色建筑”进行了调查研究。她们对于南翔古猗园的亭子特别感兴趣：“我们想要搭建一个凉亭，跟古猗园里面一样的亭子。”可是搭了很多次，搭出来的亭子要么就是不牢固要倒；要么就是太小了，人完全进不去，均以失败告终。小朋友们经过进一步调查和团队的沟通，设计了六角凉亭的计划书，这一次她们决定用圆柱体代替原来的砖块积木搭建亭子的柱子，并且在图纸上画出了搭建六角凉亭所需要的积木。例如：六根圆柱体、长条积木、三角形积木、砖块积木，等等。

一、第一次搭建

游戏开始，芊芊、心心、小唐、芮芮四人开始分工搭起六角凉亭，心心先扶着圆柱体积木防止它们倒塌，而其他三人则去搬砖块积木，搭建在柱子的周围，四个人一同先搭建第一根柱子和第二根柱子，用长板积木连接着两根柱子。

这时，芊芊对其他三人说：“我们要搭一个六边形，那边两个，这边也要两个。”其他三人都认同芊芊说的，她们开始搭建第三根柱子，但是第三根柱子搭完后，她们发现木板根本没办法架在它与第二根柱子上面，于是芊芊去旁边拿了一根更加长的长板积木，正好可以架在上面。

在搭建第四根柱子的时候，芮芮拿着长板积木在地上与第三根柱子进行测量，碰到第三根柱子之后就开始搭建圆柱体，还是跟之前几根柱子一样用砖块积木在周围围合，然后拿长板积木与前面一根柱子连接起来。第五根柱子也如法炮制。

等到第六根柱子的时候,她们发现没有办法搭建了,无法用长板积木和前面的柱子连起来。不是距离太大了就是距离太小了,长板积木会凸出来好多。这时心心就大声地说:"我发现这两根柱子不是对齐的,都是斜的。"最后游戏时间到了,她们第一次尝试搭建以失败告终。

回到教室后,她们开始讨论:怎么样才能搭出六角凉亭呢?心心说:"我们搭的柱子应该要两根两根对齐的,不能是歪歪扭扭的。"芮芮说:"我觉得我们把柱子跟柱子的距离放得更近一点,这样最后的长板积木就可以放上去了。"芊芊说:"不行,那就会凸出来一块,不是六角凉亭了,是凸角凉亭了。"小唐说:"我知道了,我们可以用搭梯子的方法,把最后两根柱子用砖块积木架出来一点,这样就可以把最后一根长板积木放上去了。"

1. 幼儿行为分析

在第一次的游戏中,我们可以看到幼儿的已有经验如下表。

幼儿已有经验表

建构能力	围合:芊芊与心心利用砖块积木四边围着圆柱体积木。 垒高:心心和芮芮用等量的积木搭出六根一样高度的柱子。 连接:小唐、芊芊利用长板积木将柱子两两连接在一起。
社会交往能力	同伴沟通:在搭建的过程中,她们四人不断与同伴进行沟通商量。例如"还需要些什么积木吗","你能帮我扶一下吗","我觉得这个应该搭在这边",等等。 合作搭建:她们四人一起搭建同一根柱子,一根柱子搭完后再一起开始搭建下一根。
学习能力	探索能力:没有搭建第二根柱子之前,芊芊会利用长板积木测量两根柱子之间的距离,以此来确定第二根柱子的位置。 空间能力:芊芊一边比划一边告诉队友"这边要搭建两根柱子,后面也要搭建两根柱子",柱子与柱子之间的搭建,形成一个环绕式的空间。

(续表)

学习品质	有计划性:在搭建过程中,与同伴沟通先搭建什么,需要哪些积木。当遇到问题不知道怎么搭的时候,芊芊会拿着计划书与同伴协商如何搭建。 有目的性:她们四人目标很明确,知道自己想要搭建的游戏内容,并且柱子一根一根开始搭建。 有反思:等到第六根柱子搭好的时候,长板积木没有办法放上去的时候,会进行观察,然后发现两边是斜的,长板的长度不够了。

2. 教师的思考

看到这个情况,我做过一些思考,当前的核心问题是:"如何能成功地搭建一个六角凉亭?"首先,我觉得这个游戏活动对于这四位小朋友来说很感兴趣,兴趣十分高涨。第二,六角凉亭属于中国的特色建筑,小朋友们可以通过搭建六角凉亭的过程,感受我们中国特色建筑的美,同样在搭建完之后,能够感受到成功的喜悦。而她们的问题也很明确,只是对于六边形外形特征的认知经验不足,从而无法解决出现的问题。

基于以上的思考,该游戏活动值得进行探究和支持,我尝试利用化繁从简的方法,先通过在区角活动中提供一些简单的幼儿日常生活中常见的材料,如:木棍、纸张、泡沫板等,让幼儿进行自主探索,让其了解六边形的外形和特征,随后再观察幼儿与材料之间的互动与发现,看看能否将在区角中的经验转化到游戏当中去,从而帮助其解决问题。

二、第二次搭建

经过个别化活动,幼儿开始了新的一轮讨论。

心心:"我们首先要用长板积木在里面搭出六个一样大小的三角形。"

芊芊:"我们可以用笔来标记确定六根柱子的位置,这样就可以搭柱子了。"心心:"然后我们就可以把木板放在柱子上面。这样应该可以封顶了。"于是,她们重新设计了新的设计图。

第二次游戏中,她们改变了第一次搭建时的方式,先在平地上搭出了6个三角形(实际是7个),然后利用记号笔来标记每块长板积木与另一块长板积木交汇点的位置。接着把长板积木全部撤掉,根据标记的点位开始搬圆柱体进行柱子的搭建。

这一次,芊芊与心心一队,芮芮和小唐一队,两两配合一起搭建柱子,搭好的柱子还是选择利用砖块积木围起来。很快,六根柱子全部搭建完成了,随后她们开始在两根柱子之间放上长板积木进行连接。

最后芮芮开心地说:"我们成功啦!六角凉亭搭出来啦!"所有人都开心地跳了起来。突然,心心说:"这好像不是六角凉亭,六角凉亭应该是6根柱子的啊,怎么变成了7根柱子?"芊芊说:"啊?我们搭了一个七角凉亭。"小唐说:"咦?怎么搭了个七角凉亭?"我也很纳闷。

回去之后,我们一起看了她们搭建时的视频,结果发现她们原来刚刚开始的时候在地上搭了7个三角形,放了7根长板积木。

虽然她们搭建出了比六角凉亭更加厉害的七角凉亭,但是她们还是不满意,她们仍然想要最初的目标六角凉亭。于是,她们又开始了第三次尝试,这一次她们吸取了之前的所有经验,成功搭建出了六角凉亭。最后,芮芮说:"我们终于成功了,六角凉亭搭成功了。""六角凉亭"搭建完成了。

幼儿行为分析

(1)在区角游戏获得新经验

看一看六边形的泡沫板:她们通过观察发现六边形的外形特

征,明白六边形有六条边、六个角。

折一折六边形的纸张:她们通过角跟角对折,发现了六边形是由6个大小一样的三角形组成的。

搭一搭木棍:她们通过在桌子上使用木棍进行拼搭,成功搭出一个平面的六边形。

(2)幼儿计划并实施搭建

幼儿在搭建完6个三角形之后,利用马克笔来标记明确每根柱子搭建的位置,方便后续根据点位直接搭建柱子。

在固定柱子的时候,她们改变了第一次4人一起搭建一根柱子的方式,选择了两两配合搭建,一人稳定柱子不让其倒塌,另一人则进行底盘的稳固,合作能力越来越强。

(3)幼儿有反思性思维

幼儿在最后检查六角凉亭的时候,发现第二次搭出来的亭子不是六角凉亭,它有7根柱子,是七角凉亭。在后续的视频中,发现当时在搭建6个三角形的时候,多搭了一个三角形,使用了7根长板积木,应该是6根的。

(撰稿者:上海市嘉定新城实验幼儿园　黄俊豪)

课程智慧　4-5　大坝三根水管的搭建

近期户外沙水游戏活动是孩子们的兴趣热点。在活动前的讨论中,孩子们对于想要在沙池里玩什么各抒己见,有的想要在沙池里挖一条"长江",有的想要搭建"灯塔",有的想要造"火山"。糖果表示他曾经去过三峡大坝,想要在河道的开端用积木搭建一个大坝,再通过管道将水池的水经由大坝通向沙池。子煜、桐桐、俊俊对此也表现出浓厚的兴趣,四人一起组成了大坝小组。他们完成了大坝主体的建构,开始进行水管的连接。今天的故事聚焦幼儿建构大坝的三根水管。我们的观察对象：糖果,男生,5岁6个月,这是他第三次玩接水管游戏。

一、第一根大坝管道的搭建

大坝搭建结束后,孩子们开始用半圆形水管、支架等材料从水池处开始搭建引水管道。糖果先拿了蓝色管道一头架在水龙头下,一头搭在支架上,他打开水一边观察一边说："我在试一下这样水能不能流动。"他发现水流的方向与自己预期方向相反,指着水管的起点说："这里搭的位置不对了!"他拆掉了一格黄色支架,使得水管倾斜向下。这时,同伴俊俊拿来了一根水管和一个支架,想要支撑在第二根水管的位置,糖果对俊俊说："不行不行!"老师说道："为什么不行,你要跟他说清楚。"糖果指着泄洪口位置说："这样搭的话等会儿插不进那个接口,得一直保持这个斜度。"俊俊加高了一层支架,糖果说："这个可以,可以。放到我这儿。"第二根水管连接上了,糖果用手沿着管道的方向向目的地观察。这时,在连接第三根管道时,管道和支架倒塌了。糖果和俊俊开始维修,他们不断在材料车上寻找合适的支架,终于管道插进了泄洪口。糖果说："开水试试。"

当水流顺着管道流下,孩子们发现在第一个管子与管子的接口处漏水了。糖果一边观察一边喃喃自语："第一格就漏……有啦,我要一个单纯的架子。"他到材料车上拿来了一个红色的支架垫在第一根水管的起点处。开水验证,发现水会从水源处漏出,他反复调整漏水处两根水管连接处上下的位置,仔细观察,他说："我发现了,精准计算,这里有夹缝。"他接下来进行了七次尝试,调整第一根水管的倾斜度使得缝隙消失。第一次：加高第一、二根水管下面的支架，他发现水管倾斜方向改变了。第二次：垫高了起点处的支架，发现高度不合适。第三次：拿来了长方体防腐积木，竖着支撑，卡不进去，发现太高。第四次：换成了矮一点的正方体，比了比，发现太矮了。第五次：将刚才的长方体横放在下方，正方体叠在上方。开水验证，发现水管的起点处还有点漏水。第六次：在第五次的基础上横放了一个黄色支架。发现还是漏。第七次：将黄色支架拿走，反复调整三块积木的叠放方式。通过七次调整水管起点的高度，让水管倾斜度保持一致，连接处更紧密。

幼儿行为分析

（1）科学探究的经验

感知层面	幼儿原有经验——对材料的感知：水、沙、水管等材料的特性。 新的感知——水管的连接方式。 糖果和小组内的其他幼儿对玩沙玩水的材料有丰富的操作经验，比如对沙水的特性及各种水管的特性、连接方式有一定的感知，这些丰富的经验为他们探究提供了基础，通过糖果的8次探索，他对水管的连接有了进一步的感知。
思维层面	幼儿原有经验——水往低处流的物理经验和测量比较支架高度的数学经验。 新的经验——在7次探索中，通过测量比较高度序列的经验（初步获得斜率一致性与水流的影响）。

（2）科学探究的方式

自主探究具体运用的探究方式：观察、实验、分析、比较、预测，再观察、实验、比较、分析、预测循环的探究方式。在游戏过程中幼儿有很多这样的语言表达："直接这样搭的话，接口插不进去泄洪口。""我想根据我的计划，再塔一个这样的管子就可以成功了。"

（3）学习能力与学习品质

我们根据学习能力与学习品质对幼儿行为进行分析，情况如下。

计划性	目的性明确。
坚持性	倒了再搭建，反复探索实验8次。
问题的定义	表面上是第一、二个管道接缝处漏水的现象，实质上是斜率不一致导致的问题。
问题的解决	能够精准识别问题、多次尝试解决问题。
尝试多种方法解决问题	糖果在发现问题后，运用不同的方法、选取不同的材料进行了7次尝试来解决问题。

从实录中我们发现糖果能非常好地定义问题，并通过不同的方法、材料，来解决问题，体现出其面对问题时思维的发散和多元化以及解决同类型问题时的坚持和专注。

二、第二、三根大坝管道的搭建

（一）第二根水管的搭建

在搭建第一根水管时，糖果马上提出："下面要垫一个才对。"直接用红色的支架架高了水管起点。同伴将第二根水管和第一根水管连接时，糖果说："看看这个大叉缝会不会像之前一样漏水。"他通过实验的方式发现没有像前一次一样漏水，"可以了可以了。"他说道。接着他一边用手比划、测量，一边提出了自己的预测："如果它直接斜的话，会斜到这个位置。"他发现预测的位置与泄洪口位置有出入，马上调整泄洪口处的积木，使之与预测的水管终点位置匹配。搭建完成后，糖果开水验证："哦，一点儿也不漏。"第二根顺利完成。

(二)第三根水管的搭建

糖果把一根水管和第二根水管连接处贴近,并对拿来第二个支架的同伴说:"拿过来一下,我比比哪个架子多,1、2、3、4、5。"他又转过头数了数第一个支架的黄色支架层数"6、5、4、3、2、1"。他说道:"可以,这是5格的,这是6格的。"当选取第三个支架时,同伴直接说:"4格来了。"糖果马上接过支架并把水管摆了上去。这时同伴观察了终点的位置,说:"我发现了一个问题。"糖果说:"有点歪,歪了很多。"(管道的方向与泄洪口位置出入很大)糖果开始调整管道和支架的方向,他一边用手比划和测量一边说:"要弯到什么程度,可能这次用到的管道会多一点,而且更难一点。"当搭建到第四个支架时,糖果发现现有的支架高度没办法满足斜率一致并插进泄洪口的高度要求时,他用防腐木自制了一个支架,并成功完成了第三根水管的搭建。

教师思考:

第一,幼儿从出现问题再解决到预见潜在问题。 第一次糖果是出现漏水的问题再解决,第二次探索中他迁移前一次搭建的经验用于第二、第三条水管搭建,提前用支架垫高靠近水源处的水管,他还提前做实验,验证水管之间的大插缝会不会像之前那样漏水。预测思维是建立在已有知识和观察到的现象基础上的。只有通过对已有信息的整理和分析,才能得出对未来的预测。糖果展现出了很强的预测能力:搭第一条水管,当搭到第二节水管的时候,糖果发现高度太低了,马上说不行不行。老师问为什么不行,糖果答道:直接这样搭的等会儿那个接口插不进去。虽然只搭了两节,但是他已经能够通过这两节的倾斜度预估到继续往下搭建是没有办法穿到泄洪口的。第二次,通过目测发现水管的方向不对,调整泄洪口积木的位置。第三次,张开双臂进行测量与预估,一方面确定了管道的方向,同时测量到泄洪口的长度,认识到:这次更难、需要很多水管。

第二,幼儿从初步感知斜率一致性与支撑物高度的关系到精确获得斜率一致性与支撑物高度的关系: 用数字来抽象表达高度序列。 搭建第一根管道时,同伴递给他支架,只要比前面的低就使用,不行再加支架。搭第三根管道时候,点数支架等比例下降6、5、4、3、2、1,运用数字,抽象表达高度序列。

三、第四根水管搭建:半圆管和软管结合

糖果观察支架的高度,拆掉一个支架使其递减变成4、3、2,再把软管放在半圆管上,连接到水龙头处。

教师的思考:

在游戏现场,我很好奇为什么糖果会把两种管子结合在一起。于是我和他用视频回顾了他的搭建过程,并对他进行了一对一倾听。

教师问:"半圆管也能通水,为什么你要在上面放一根软管呢?"

糖果给出了三个理由。一是他想要有更多的尝试和创新,他选择了软管和半圆管,将两种材质、特性不同的水管进行组合,创造了"新型"水管。二是功能互补,他认为软管没有支撑,容易掉下去,如果有斜坡支撑的话,水会更容易往下流。如果只用半圆管的话,连接处容易漏水。糖果十分熟悉两种材料的特质,将它们组合起来,功能互补。三是封闭管道具有"防水"功能,延伸到沙池里的部分,不容易被沙子阻塞水流。

通过一对一倾听我们了解到:糖果通过多次实践,对各种水管的优缺点已了然于心,他通过两种水管的结合,创造了"新型"水管,实现了功能互补。我们认为,糖果具有非常强的科学思维能力和解决问题的能力,他逐渐从单维化思维转向多维化思维去解决水管漏水的问题。

(撰稿者:上海市嘉定新城实验幼儿园　沈艳皎　陈李彤)

课程智慧　4-6　我们的桥"进化史"

一、故事的缘起——未完成的桥

在大班第一学期"我是中国人"的主题活动中,班级幼儿了解并欣赏了我们国家飞速发展过程中建造起的一系列建筑,他们对其中的跨海大桥十分感兴趣。于是在户外建构的场地上,6名幼儿组成了造桥小分队开始了搭建。

【实录1】

他们通过分析了解到南浦大桥上是有支架和缆索支撑着的,且在陆地上的部分是有螺旋形状的立交桥,与水面上方的大桥是连在一起的。

由于材料积木有限,我在搭建前他们绘制设计图分配任务时询问:"你们需不需要绳子呢?"

组里的哆咪小朋友回答我说:"我们不要,我们想用积木把绳子搭出来。"

他们用清水积木(圆柱体、长板、长方体)搭成桥体,用轻便的亿童积木作为斜拉线靠在桥柱上。可是单根组成的桥柱无法承受亿童积木的重量,没多久就倒塌了。

【实录2】

之后的建构游戏中,他们放弃了大桥的主体部分,而是转移目标,将大桥旁边衔接的立交桥的结构搭建了出来。

游戏当天风很大,搭到一半的立交桥依旧一直倒塌,在反复搭建的过程中,桥体的结构变得复杂(由亿童积木和清水积木组成的桥柱),地上零散的积木也越来越多,游戏场地和现场变得凌乱。

【实录3】

时间来到了第二学期,在户外建构2(纯清水积木材料)的场地上,先前造桥小队的何好还是想要弥补之前的遗憾,拉着几个小伙伴重新开始搭建之前的作品——跨海大桥。

他们先是用圆柱体积木定好位置,然后再将长板架上去,虽然简单但是很快又遇到了困难:搭好的积木总是倒下来,怎么办呢?

1. 幼儿行为分析

(1) 能在建构游戏过程中具备较强内驱力和问题解决能力

桥组的幼儿在案例中表现出了较高的积极性和主动性。虽然在三次且时间跨度较长的建构游戏过程中作品出现了反复倒塌、失败的情况,但是孩子们并没有放弃,没有出现摇摆不定或游离的现象,而是通过与伙伴商量,共同思考解决方法并付诸实施(加固桥柱、增加桥柱数量等),游戏过程高度投入,说明幼儿的目标明确、内驱力强,产生了深度学习。

(2) 能将主题经验和生活经验进行连接

幼儿从"我是中国人"主题活动中,捕捉到"跨海大桥"这一题材并对其产生了极大的兴趣,并且主动提出想要搭建这样的斜拉桥。前期也在计划过程中提出之前出游爸爸妈妈开车经过,看见过南浦大桥。由此可见,幼儿发生了新旧经验的迁移和领域间的连接,这也是深度学习的重要特征。该组幼儿能够积极地探索周围的世界,结合自身已有经验和教师提供的图片视频等信息,搭建出跨海大桥的雏形。

(3)能以较高建构水平挑战困难

从案例中可以看出,在教师过度介入提问是否需要绳索等材料时,幼儿拒绝了教师的帮助,而是想要完全用积木呈现斜拉桥的绳索结构。在仔细观察南浦大桥的影像资料之后,用亿童积木将桥体搭建了出来,虽然后来倒塌了,但是幼儿后续又自主调整了自己的计划,修改目标决定先解决旁边立交桥的问题。

在案例中幼儿的表征能力强,在倒塌前所呈现的作品与图片和计划书中的南浦大桥极为相似,体现了其建构水平。除此以外,在游戏过程中也体现出他们模式对称、比较测量等数领域核心经验。

通过以上分析,可以得出该组幼儿各方面能力都较强,但是作品搭建进度依旧停滞不前,作为教师,此时是否应该适当地介入和推进呢?

2. 教师的思考

(1)提炼问题,激发幼儿学习的内驱力

在案例中幼儿遇到的困难是:明明已经通过使用亿童与清水两种不同材质的积木来表现出斜拉桥的大致形态,但是圆柱体的桥柱和长木板造成的桥面在没有其他介质固定粘连的前提下形成了一个非常不稳定的结构。为了推进幼儿的深度学习,激发幼儿主动探索解决问题的能力,我决定抓住这个机会,通过提问的方式,帮助幼儿转变思维方向,根据幼儿已有经验设置驱动性问题：如何才能用积木搭出一个稳定的桥面？以此为切入点深入地对幼儿进行引导。

利用自由活动时间，我集合了桥组的 5 名幼儿，向他们提问："为什么你们的桥会一直倒掉呢？"

何好和萱萱说，圆柱体本来就站不稳，上面又搭着长的木板更加容易倒了。可是桥就是长这个样子的，他们实在是想不出别的办法了。

我又问："那能不能不管外形的相似度，把一个稳定的、大风吹不倒的桥面先搭出来呢？"

（2）建立联系，与个别化学习活动结合

本学期"我们的城市"主题活动中，教室的科探区以造桥为区域主题引导幼儿探索桥的各种稳定形态。在提问过程中，我提醒他们可以利用个别化时间去科探区试一试。

（3）鼓励表扬，以情绪感染推动幼儿进一步探索

在游戏过程中能够看出幼儿试图寻找解决方法，但是前期的结果并没有达成他们预期的目标，教师需多加鼓励和表扬，以多种形式推动他们继续探索。

（4）适当提供帮助，丰富幼儿经验

该组幼儿原先的设计是想造南浦大桥那样的跨海大桥，所以需要圆柱体和长板。在后续活动中，我拓展了他们关于桥的经验，和他们一起看了各种各样桥的照片和图片（拱桥、悬索桥、斜拉桥、平板桥等），寻找可搭建的更稳定的结构进行建造。

二、峰回路转——稳定的桥面

【实录4】

何好在两根标准线上分别放上了圆柱体，圆柱中间放上了硬

牛皮纸。再在上面放上串珠模拟桥承重的形态，放到第五颗的时候桥就倒塌了。

何好又在底部增加了一个圆柱体，果然这次能放上的串珠更多了。

他们得出结论：原来增加底部的支撑力可以让桥体更稳固。

这时小树和哈利（Harry）走了过来，小树说："那在下面全部排上圆柱体不就不会倒掉了吗？"

哈利作为桥组成员马上反驳他："圆柱体赛车组和凉亭组都要用很多，我们用的话肯定不够的！"

何好看我站在旁边，于是问："曹老师，之前有没有哪种积木剩得比较多？"

我想了想回答她："砖块积木每次都会剩下一车，扁的砖块积木也没有小朋友用哦！"

他们听完我的回答后又热烈地讨论了起来。

【实录5】

通过前期在个别化学习中的尝试，结合他们欣赏观察得到的间接经验和过程中的计划讨论，幼儿决定先尝试更改桥底部的支撑结构。

他们计划用数量较多的薄的砖块积木进行搭建,用了插空垒高的方式,如同搭建金字塔一样一层一层往上叠,且单层每块积木中间都留了一点空隙。我走上前询问原因,萱萱告诉我:"因为这样好看啊。"何好又在旁边说:"这样是为了省积木。"

之后的垒高过程中,他们除了互相提醒积木用完了需要再搬一点来之外没有其他互动。最终将手边积木车里的积木都用完后,他们去拿来了几块木板,搁在了上面。

今天的桥搭完啦,果然没有倒塌,比之前稳固多了呢!

我上前询问他们的桥是否完成,且是否需要调整或者有没有什么问题。

圆圆高兴地说完成了。

宸宸说这座桥好像有点难看,乱乱的不整齐。

何好说桥下面是空的,现在不是空的,有点像山。

小伙伴们聊了一会儿,决定下次还是要搭桥,但是要搭得再好看一点。

1. 幼儿行为分析

(1) 能够建立前后经验的联系

与前期经验和个别化学习进行融合。幼儿在思考时将曾经的建构方式(搭房子与墙壁)和技巧运用在现在的作品上,从而解决问题。

(2) 能够对作品做出反思与改进

幼儿在作品完成后并没有满足,而是结合之前教师给他们欣赏的图片,分析作品中的不足并加以改进。

(3) 能够做出计划预设,把控游戏现场的材料

由于砖块积木体积较小,因此在搭建过程中肯定需要数量较多的积木。之前,一直有建构到一半积木数量不够的情况出现。幼儿能够结合之前失败的教训,并在前期考虑到这个问题,向教师确认积木的数量后再开始计划并设计作品。

2. 教师的思考

由于该组幼儿本次的搭建方式相对简单,在过程中沟通较少,各自完成自己手中的任务,导致这座桥搭建完成后左右高低不同。我在后续跟他们聊了关于对称的概念,并引导幼儿合作商量,将桥的对称性加以体现。

在交流分享环节中,小詹举手说:"今天他们搭的桥和之前教室墙上的很像,都是用砖块搭出来的。"

我捕捉到这一契机,于是追问:"那么,这两个看起来很像的桥,又有哪里不一样呢?"

凤凤举手回答说:"教室墙上的桥有栏杆,操场上的桥没有。"

萱萱说:"教室的桥好像是个梯形,是左右对称的结构。"

乐乐问:"他们搭的桥,为什么看起来扁扁的呀?"

桥组的成员们听完伙伴们的提问和建议后,思考了起来。

三、循序渐进——桥的完全体

【实录6:对称的美】

在游戏开始前,宸宸来向我确认了厚砖块的数量。我反问:"你们不用薄积木了吗?"宸宸回答说:"上次用那个搭出来的桥太矮了!"

我意识到他们仔细思考了之前乐乐的提问,在积木的选择上做出了改变,从薄的砖块积木改成了厚的砖块积木,将桥体的整体形态结构拉高了。

过程中他们在搭建的同时,会跑到远处看桥的整体形状,何好说:"每层减少一块!"成员们也是一边放置积木,一边根据情况细微调整砖块与砖块之间的距离。渐渐地,桥的整体变成了一个类似三角形的形状。

到最后,积木车里的厚砖块全都用完了,哈利拿来了两块正方体的积木一拼,说:"这个是砖块的一半,两个合起来就可以代替了!"

萱萱在帮着何好一起搭建的时候笑着说:"这怎么看着像个金字塔呀?"

圆圆在搭建完成后看了看,说:"这看着还是像墙啊。"

哈利说:"台阶这么小,都不能走上去。"

他们又开始了思考:怎么样才能把桥造得更像呢?

【实录7:桥洞的诞生】

哈利在游戏开始的时候,并没有像之前那样直接用砖块积木在场地上搭成一横排,而是先蹲下,在两边将三块砖块积木竖起来叠高,又在中间搭了一块长木板,做出了一个门,并对其他组员说:"我们要先做一个桥洞,之前的桥是没有桥洞的。"

其他的组员在他完成桥洞后又搬来了厚砖块积木在两边放置,哈利又说:"拿一点正方体的来!"

圆圆在远处喊:"积木还有的!"

哈利说:"不是!你先拿过来!"

我听到就走过去问他,为什么现在就要用到正方体呢?

哈利大致的意思是,如果两边还是用长方体和之前一样留空档的话,柱子边上就会多出来一部分,砖块没办法完全和桥洞贴合,但是不留空档的话又不好看。这个正方体正好是长方体的一半,所以就用这个了。

桥洞完成后,两边的搭建孩子们就熟门熟路了,他们速度很快地完成了今天的作品。在搭建过程中,萱萱和圆圆反复点数每层积木的数量,确保桥洞左右两边的积木数量一致。

有了桥洞的桥果然比之前更像了呢!成员们高兴地与自己

的作品合了影。

我问他们："你们这次的桥算完成了吧?"

哈利说："我们下次要把桥搭得再厚一点!"

我追问："那你们想到办法了吗?"

萱萱跳着说："哈利跟我们说了,先不告诉你!"

看着这群古灵精怪的孩子们,我笑着表示期待。

【实录8:从平面到立体】

新的一轮建构游戏又开始了,今天桥组的成员们还是重复之前的步骤,可是哈利在桥洞的两边底部垂直放置了两片长木板,我问他:"这两块长木板有什么用啊?"他回答我说是测量距离用的。

我追问为什么要测量距离。宸宸跑过来说,哈利准备搭两个一模一样的桥最后用木板把它们连起来,这样就不像墙壁了。

我看他们将两个一模一样的中空的梯形搭完后,用之前测量的长木板轻轻搭在了中间将它们连接了起来。

圆圆大喊:"长木板不够!"

土豆、萱萱、宸宸、何好都跑去中五班(户外建构1场地)借长木板，几个小建筑师满操场来回跑搬运着积木，我笑着问他们："累不累？要不要休息一会儿呀？"他们嘴里喊着："来不及啦，来不及啦。"就跑远了。

最后终于完成啦！

组员们与桥合了照之后，这些聪明的小建筑师们还围着作品低声讨论着。

我问："你们还要做什么啊？"

圆圆说："还有栏杆呢！今天时间不够了，下次我们要在上面做栏杆。"

土豆和萱萱也跟着说："而且木板不对，一点都不整齐，下次我们要换整齐的。"

幼儿的作品接近完成了。但在后续的沟通中，我了解到他们还想对自己的作品进行进一步的加工和完善。

经过思考，这一阶段我还是决定放手让幼儿自己去进行商讨和调整，但是在这一环节真的没有任何教育契机吗？

教师关注到，游戏现场幼儿搬运长板积木时每次拿的数量较少，导致来回多次的体力消耗，且在桥体完成后依旧有幼儿拿了长板积木来（最后一块积木搭上时有三位成员搬着长板积木走在半途），导致不用的积木数量过多，零散地丢在场地上。

后续与幼儿沟通了两点：

1. 是否可以每次多搬运一点积木。

2. 在出发去别的场地之前是否可以估算一下积木的数量。

【实录9：桥的最终形态】

今天组员们穿着神气的校服，完成了他们之前的计划，并将上次的缺憾补上了：搭上了好看的扶手和栏杆，并调整了长板积木的长度,选取了合适且相同的长板积木进行两面墙体的连接,最终完成了他们的作品。

哇!我们搭的桥居然真的能走上去诶!

1. 幼儿行为的分析

孩子们经过一段长时间的自主探究、学习、讨论、建构后,各方面能力都得到了很大的发挥。结合《3—6 岁幼儿学习与发展指南》,该组幼儿的能力水平体现如下。

(1) 数学核心经验

计数	在搭建台阶的时候,幼儿提出每往上搭一层就要减少一块积木。而在桥洞两边需要搭建出一模一样的结构才能体现其对称性,他们通过计数来确认左边和右边的最底层分别用了多少积木,以此为根据来验证自己的操作是否正确。在计划环节,何好和哈利粗略估计了其他小组以及自己小组所要使用的积木数量,来向教师提问并确认数量是否充足。后期,在教师提醒后,也能够在去别的场地搬运长板积木之前先粗略估计自己所需要的数量,这些行为都能体现幼儿计数的能力。
量的比较、测量	造桥过程中,幼儿通过目测的方式调整砖块之间的距离,确保缝隙大致相同,从平面到立体的搭建中,哈利能够在初期就使用长板积木放置在桥洞内侧,控制两个桥面之间的距离,确保两个桥面完成后积木能够准确搭在上面,不产生误差。由此可见,建构游戏能够帮助幼儿巩固关于测量和量的比较经验。

（续表）

图形、 空间方位	在积木缺少的情况下，哈利提出将两个正方体积木放在一起代替厚砖块积木，体现了幼儿对形状、数经验的掌握。在平面到立体的突破过程中，幼儿能够知道将桥面进行复制并在中间空出一段长板积木的距离（两个桥面必须保持平行——两侧及中间距离保持不变），才能够将立体的桥呈现出来。同时，左右对称的结构也体现了幼儿对图形概念的经验。

（2）问题解决能力强，愿意挑战困难

从案例中可以看出，在教师提问是否需要绳索等材料时，幼儿拒绝了教师的帮助，而是想要完全用积木呈现斜拉桥的绳索结构。在仔细观察南浦大桥的影像资料之后，用亿童积木将桥体搭建了出来，虽然后来倒塌了。但是，幼儿后续又自主调整了自己的计划，修改目标决定先解决旁边立交桥的问题。

（3）同伴交往

幼儿能够主动邀请或接受其他伙伴与自己共同游戏，活动时能与同伴分工合作，认真完成自己所接受的任务，遇到困难一起想办法克服。在别的幼儿提出问题或建议时，能够倾听和接受别人的意见，若是意见不同时能够说明理由。愿意为集体出力，并且在成功后获得满足感和成就感。

他们能够主动发起活动或在活动中提出想法，在取得成功后还有进一步想要做得更好的需求。遇到困难能够坚持不懈，在与别人的想法不同的时候，敢于坚持自己的意见并说出理由。

幼儿在游戏氛围中学会了合作与分享。过程中由于整个桥体从平面变为立体，积木的需求量更大，甚至需要去其他场地搬运积木，小组成员们分工合作，一半的人留下搭建，一半的人穿越大半个操场去搬运长板积木，他们有条不紊地完成自己的任务。

最终,作品完成,每一位小建筑师都功不可没!

(4) 动作发展及健康领域

在发展认知经验和数经验等知识技能的同时,幼儿的体能和动作发展也得到了很大的提升。在长达四十分钟的游戏过程中,幼儿在场地上奔跑、搬运着大体量的积木,一个个小脸通红,气喘吁吁,但是没有一个成员停下自己手中的任务,在教师提醒他们休息时,幼儿考虑到游戏时间和搭建的进程,还是决定继续工作,哪怕穿越大半个操场也没有成员喊累或半途去休息。幼儿具有一定的适应能力,在游戏过程中能够在较热或较冷的环境中连续活动半小时以上。且具有基本的生活自理能力,在搭建过程中能知道根据冷热增减衣物,保证自己的健康。

(5) 学习品质

案例中体现了幼儿主动且深度的学习,反映了他们的思维品质,我看到了孩子们积极主动、认真专注、不怕困难、敢于探究和尝试、乐于想象和创造等良好学习品质。还体现了他们对成就感、认知方面的需求,对建构游戏浓厚的兴趣。

在长时间的游戏过程中,小组成员们并没有分心去别的小组或游戏场地,没有发生游离的情况,全程都在专注地完成搭建。而且幼儿能够在每一次搭建后的交流分享中吸取其他幼儿的想法和建议,并对自己的作品进行调整和修改。比如在砖块的选择上,利用厚积木代替薄积木提高作品整体的高度。比如改正了之前的不足(搭建过程中缺乏整体的审视和与同伴的沟通),完成了一个三角形且左右对称的桥的形状。在每次的建构游戏结束后,幼儿解决了之前的问题,高兴的同时并不会满足于现状,而是不断思考,自我评价,将自己的作品进一步推进,不停止探索的脚步,进一步寻找突破点,思考如何才能将自己的作品搭得更为美观。

(6) 倾听表达

在游戏分享环节,小组幼儿能在总结的时候用语言描述自己搭建的作品,班中幼儿也能及时地给出反馈和建议,对作品进行提问或评价。幼儿在活动过程中能够集中注意力听教师或其他幼儿讲话,在有疑问时主动提问,并且能够结合当下情境理解事情或计划的因果、假设等相对复杂的话语。与小组成员积极讨论问题,大胆表达自己的观点和想法,也能有序、连贯、清楚地将事情讲述清楚,且讲述时语言生动。在绘制计划书和个别化前期活动时,能够用图画和符号清楚地表现事物和自己的意思。

(7) 探究能力

幼儿对桥的搭建和遇到的问题刨根问底,不断求知,在动手动脑的过程中努力寻找问题的答案和解决方式,并在有所突破后感到兴奋和满足。幼儿能通过观察、比较和分析,发现并描述不同种桥的特征。在探究过程中,用一定的方法验证自己的猜测,在成人的帮助下能制订简单的计划并执行。在制订计划时能用数字、图画等符号进行记录,能与他人合作并交流。

2. 我的思考

孩子们在游戏过程中所提出的各种想法,让我为他们感到骄傲,"桥的建造"唤起了他们潜在的探索的需求。他们将个别化、之前的建构活动中获得的经验迁移到自己目前的游戏进程里,并且在操作的过程中,发现问题,及时思考,总结经验,最后进行调整从而达到解决问题的目的。

在和他们共同努力的过程中,我理解了他们对新事物的好奇、对桥的探究欲望等认知发展的需求;在建构过程中的操作需求;表达自己想法的需求等。此外,我还看到了他们主动提出问题、观察比较、协商合作、记录表征等能力的发挥。

（撰稿者：上海市嘉定新城实验幼儿园　曹佩蓉）

第三节
学习,我们乐于探索

"我的学习"旨在激发幼儿主动探索、积极体验,使幼儿在认知能力和态度上不断进步,为后续学习打下基础。我园尤其注重学习活动中幼儿核心素养的培育,关注幼儿解决问题、同伴合作、表达表现等能力的发展,在活动中尊重幼儿爱探究的天性以及个体差异,为幼儿提供与生活体验紧密联系的内容,教师通过倾听、回应的高效师幼互动,有针对性地推动幼儿的思考与构建,助推幼儿的学习与发展。同时,对学习有特殊需要的幼儿给予特别关注。

"我的学习"内容包括与幼儿生活经验息息相关的各类经验,包括"用各种感官主动感知周围事物的特征,比较事物的异同,发现事物之间的关系""尝试多种途径收集信息、物品与材料,乐意交流和分享""了解自己的身体特征及生长中的变化和需要,比较自身与他人的不同,体验成长的快乐""亲近大自然,有观察、探索周围事物、现象变化与发展的兴趣,初步了解人与自然的关系"等9条内容。[1]"我的学习"的选择和安排应充分体现全面、整体的要求,有益于幼儿经验全方面、多层次的拓展;还要充分考虑幼儿的学习特点和认知规律,体现综合性,符合幼

---

[1] 上海市教育委员会.上海市学前教育课程指南[M].上海：上海教育出版社,2006：6-7.

的学习方式。

"我的学习"的实施一般包括三个阶段。第一阶段是确立主题。开展之前，教师通过主题预告、幼儿访谈等方式了解幼儿的已有经验，将其作为选择主题核心经验的重要依据；主题确立由教师根据儿童经验与活动目标的一致性、儿童经验的连续性、活动的价值性等进行选择。第二阶段是共同探究。幼儿与同伴、成人一起，以体验、探索等方式，在与周围世界、他人交互和自我经验反思中获得有价值有意义的经验；教师营造真实问题情境、提供探究所需的认知工具、创设探究环境等，支持幼儿成长。第三阶段是成果分享。幼儿运用"儿童一百种语言"表征，在分享中反思自己的学习，在幼儿—教师、幼儿—幼儿的互动中共享经验。

"我的学习"实施过程中需遵循以下几个原则。一、重视学习过程，幼儿的学习方式是做中学，教师要选择可以让幼儿直接感知的经验，支持幼儿在操作和体验中建构经验。二、注重幼儿综合素养的培育，在活动中持续关注幼儿问题解决、计划能力、专注力、坚持性等能力和品质的培养。三、激发幼儿问题意识，幼儿在解决自己提出的问题时，会更加主动、专注和积极，会最大程度调动执行功能和自我调节能力。四、多采用个别探索和小组合作的学习形式，支持幼儿通过互助合作探索进行，体会与人合作、交流的乐趣。

课程智慧   4-7   庆祝我们毕业了

一、项目背景

如何举办大二班毕业季，这个驱动性问题是在"我要上小学"这个主题背景下，由我和孩子们共同提出的。

为什么要提出这个探究话题呢？我是这样思考的：

正值毕业季，我观察到孩子们在自由活动时，会和好朋友表达恋恋不舍的情感，也很留恋幼儿园的生活。以往的毕业季都是教师主导的,既然孩子对"毕业"表现出了浓厚的情感,那把毕业活动交给孩子会是什么效果呢? 让孩子按照自己的想法和节奏庆祝毕业。

二、项目目标

结合"我要上小学"的主题目标,我将该项目的核心概念定位为情感表达。

毕业活动不能只是走走形式,它既是对孩子在整个幼儿园阶段的回忆和留恋,更是承载着孩子未来的期待和展望。孩子们根据自己关于毕业活动的设想,通过各种方式表达对朋友、老师和幼儿园生活的回忆,在点滴回忆中体会自己三年的成长和进步,进而表达感恩、高兴、留恋、期待、友爱、自豪等情感。

三、项目实施

(一) 入项活动

项目开展之前,我们与每位孩子进行了一对一的交流:"毕业前,你最想做的一件事是什么呢?"

我将孩子们的想法一一记录下来,并对孩子们的想法进行梳理分析。我发现孩子们最想做的事情集中在拍摄纪念照、留住美好回忆、在天台活动等方面。

随后,我再次与幼儿讨论:"如何开展毕业活动,实现每个人的想法?"最后,为了满足所有孩子的愿望,我们决定开展属于大二班的毕业季系列活动:拍摄毕业纪念照、在天台布置回忆小屋、举办天台露营晚会、制作毕业手册。

(二) 关键事件回顾

在谈话活动中,我问孩子:"你在幼儿园最难忘的回忆是什么?"我们梳理这些想法后发现,孩子们"难忘的美好回忆"主要集中在以下几方面：一是难忘的事，比如幼儿园的各类活动以及与同伴一起经历的活动等，孩子们记忆深刻；二是难忘的人，如幼儿园的教师、阿姨、保健医生等，孩子们舍不得分开；三是幼儿园的环境与设施，孩子们很留恋。接着，我又与孩子们讨论："如何留住这些回忆？"孩子们的想法很多：再玩一次喜欢的游戏；把最难忘的事情画下来；用照相机把好玩的地方、喜欢的人拍下来；把最喜欢的活动拍成视频，在教师的支持下，孩子们开始进行多种表达与表现。

1. 如何拍摄我们的专属毕业照？

孩子们对于拍照片这件事情并不陌生，他们积累了很多"当模特"的经验。但是自己当摄影师拍照片的体验是比较少的。自己拍摄纪念照能够拓展孩子的生活经验，支持孩子表达情感，还能挑战幼儿在计划性、空间概念以及使用材料解决问题等方面的综合能力。

孩子们主要分成 6 组开展探究，我重点介绍其中两组的探究过程。下面，让我们一起来看一看，孩子们是如何完成这项任务的吧。

问题 1：拍摄毕业照需要考虑哪些要素？

活动开始之前，孩子们咨询了摄影师和爸爸妈妈，了解到要成功地拍出毕业照，需要提前想好拍摄的场地、队形、姿势和服装道具。

于是，孩子们成立了拍摄小组，并为自己小组起了特别的名字，分别是乘风破浪组、勇往直前组、火箭组、彩虹组和爱心组等。每一组的孩子通过协商、研讨的方式，从拍摄毕业照的场地、队形、姿势、道具等要素出发制订了拍摄计划。制订计划的过程中，我惊喜地发现孩子们运用了以往小组合作的经验,他们倾听和接纳同伴与自己不一样的想法,不同意时也会坚持表达自己的想法,还会说出不同意的理由。在平衡了小组成员的想法后,孩子们在集体面前分享交流了自己组的计划,通过小组内、小组间、个别向集体的对话形式,幼儿感受到思维的多样性和差异性,从而实现经验的互动。

问题2:如何制订有效的计划书(提供认知工具)

这是孩子们第一次制订的计划书,孩子们把拍摄场地、队形、姿势等一一罗列出来。但是在第一次拍摄的过程中,他们遇到很多的问题:原来计划的姿势、队形到了场地全都忘记了,每个人都不知道该摆什么,而且想要拍摄的姿势和队形并不适合这块场地,拍摄出的照片也不符合孩子的预期。

从这里可以看出,孩子们是有计划能力的,但是如何制作一份能够指导实践操作的计划书,他们是有困难的。

孩子们通过计划书,可以把散点、零散的想法记录下来,从而建构起对概念连贯和完整的认识。并且在调整拍摄计划书的过程中,孩子们需要积极思考拍摄的要素,从而发挥科学思考的能力,获得设计和计划的技能。

因此,我没有直接把解决问题的方法告诉孩子,而是把问题抛给了孩子。我组织了一场集体分享活动,和孩子们一起讨论如何解决第一次拍照遇到的问题。通过共同协商,孩子们对计划书进行了调整。(1)从场地出发再次计划,把在该场地摆的队形姿势,可能用的道具服装设计在一起。(2)计划更有序,第一次没有标注页码顺序,第二次根据翻页习惯调整了顺序。(3)标记出了计划的细节。随后,孩子们按照自己设计好的第二份计划书投入到拍摄活动中。

调整后的第二份计划书让孩子更有目的性,每名组员对于拍摄的内容都更清晰了,但在第二次拍摄中火箭组和彩虹组都碰到了难题。

问题3:如何摆出爱心形状的队形(发展空间概念)

火箭组遇到了大问题:怎么也拍不出计划中的爱心形状,怎么办呢?大家讨论决定,需要增加高低落差、人要多一点、利用工具摆出爱心形。于是孩子们结合之前国庆节拍国旗合照的经验,首先确定了幼儿园最佳拍摄地点为羊羊老师办公室窗口。

增加了高低落差后,该如何摆出爱心形呢?孩子们想到先用工具摆一个爱心造型,再沿着积木大家围成爱心造型。

(1)以积木为工具摆出爱心造型

那么,如何摆出爱心形?孩子们首先想到之前拍摄毕业照时,摄影师用积木摆成"大二"让小朋友快速定位航拍,孩子们迁移已有经验,尝试先用积木摆出爱心形状。知道是知道,但做起来没有那么简单。孩子们用大大的积木摆好了,可到底像不像一个爱心呢?从办公室窗口能拍得到完整的"爱心"吗?站在积木摆出的"爱心"前面一点儿也看不出来。怎么办呢?突然,花生说:"我去楼上看看。"果然,在老师羊羊二楼办公室可以看到我们的"爱心"。于是,花生在二楼通过语音通话的方式与操场上建构区的小朋友互动,调整积木摆放的距离和形状。经过反复调整,终于一个"爱心"出现了。

(2)用身体摆出爱心造型

孩子们开心地沿着积木"爱心",尝试用身体来摆出爱心造型。新的问题来了:怎么用身体摆出爱心造型呢?

在老师的启发下，孩子们尝试了各种姿势，比如站着拉手、抱腿坐、伸手伸腿组合等。

孩子们看到成功的爱心毕业照后，成就感满满，拍摄兴趣高涨。但是，他们觉得用积木摆爱心有些麻烦，于是孩子们想到用绳子，方便移动到滑草区进行再次拍摄，积累成功的拍摄经验后，孩子们来了滑草区进行第二次挑战，尝试完成他们最初的设想。

（3）滑草区爱心毕业照第二次挑战

利用上次在操场成功的经验，花生踩住爱心底部尖角，糯糯和宇涵负责摆出两半爱心圆弧，其他小朋友在认真观察指导，及时与他们进行沟通调整。很快，爱心形摆出来了。

这一次，孩子们想到用躺下的姿势来表现"大爱心"，躺下来怎么表现爱心造型的弯弯转角呢？在不断尝试和商量下，大家用弯曲身体的方法摆出造型，最后还剩爱心的最后一角，怎么摆出爱心"V"形角呢？糯糯用弯曲身体变成"V"，完整的爱心形出现了！为孩子们的智慧点赞！

除了从上往下拍，孩子们还利用了滑草区的特点，尝试了从下往上拍，利用之前的经验，又一张特别的爱心照出现了。

问题4：如何将所有人都拍进去（利用技术解决问题）

小组拍摄时，作为摄影师的孩子入不了镜怎么办？孩子们想到利用支架设备加手机的倒计时功能，设置好 10 s 的倒计时，其他幼儿先根据计划站好，摄影师最后入镜头。进行几次尝试后，孩子们发现采用延时拍摄后，拍摄的小朋友来不及跑到位置，于是孩子们调整拍摄人员，让靠近相机的一名小朋友负责拍摄。

摄影师入镜问题解决了，孩子还发现按照计划的站位安排拍摄的话，会有人拍不进去，于是孩子们及时调整计划书，改变站位,方便所有人入镜。

2. 如何举办天台露营晚会?

孩子们自己拍摄了喜欢的毕业照,留下了最珍贵的回忆。孩子们还想办一场毕业 party,以一场仪式庆祝自己毕业了。可是,在哪里举办呢? 孩子们决定在自己最喜欢的地方举办——幼儿园三楼的天台花园。有的孩子们表示要表演节目,天鹅湖、上海童谣、吉他弹唱;有的孩子提出要把帐篷带来,一起露营;有的孩子提出要边玩边吃;有的孩子们提出晚会要邀请爸爸妈妈一起来……于是,"办一场天台露营晚会"成了孩子们新的任务。

问题 1:天台晚上到底是什么样?

自由活动时间,我和孩子们一起到天台查看我们晚会的场地。孩子们认真地分析天台的地形,"这里可以做表演舞台","这里可以摆放些小椅子给爸爸妈妈坐","草地上可以搭一些帐篷,我们家就有"……突然,扬扬说:"太阳很大,要是有遮阳的就好了。"小宇反驳说:"到晚上就没有太阳了,我们是晚上办露营晚会。"过了一会儿,晨曦着急地问:"晚上的天台是什么样的? 有灯吗?"……于是,孩子们决定先来看看"天台晚上到底是什么样"。出于安全的考虑,我和搭班老师承揽了这个任务。晚上,我们拍摄了天台晚上的情景。

第二天,我和孩子们分享了天台晚上的照片。孩子们非常激动,纷纷议论:"太黑了。""天台上都没有灯。""我觉得太危险了,小朋友一个不当心没看清就会摔跤的。"

问题 2:如何照亮天台?

现在,孩子们认为灯光问题是天台晚会非常重要的问题。于是,我们产生了第二个问题:如何照亮天台?

　　孩子们将自己的问题记录下来："天台好大,需要多少灯能够照亮?""天台可以插电吗?""我们可以在天台放哪种灯呢?"……带着疑问,一些孩子去采访了幼儿园后勤管理石师傅,石师傅耐心地给小朋友做了解答;一些孩子回家向有露营经验的家长请教。之后,孩子们汇总经验,经过讨论,形成了自己的解决方案:使用高瓦数的太阳能灯、充电灯或者用电池的灯等不需要电线的灯来照亮天台。

　　可是,这些灯装在哪里效果最好呢?孩子们决定再到天台上去踩踩点。有的孩子提出灯越多越好;有的孩子提出可以借助天台上的树、篱笆等现有设施来安装等;有的孩子提出舞台上要有灯,否则看不清楚表演;还有的孩子提出要在通道边上安装灯。

　　如何安装呢?一直和我们一起参与这个项目的家长们得知我们的困难后,自告奋勇地带来了孩子们需要的灯,和孩子、老师一起商量安装。

　　问题3:如何让天台的灯光和舞台更美?

　　现在,天台上有了灯光,离我们的露营晚会成功举办更近了一步。有露营经验的语芯又分享了她的经验:我和爸爸去露营时,会挂一些彩灯,很漂亮的。同伴的分享,激发了孩子们的想象力和创造性,他们不仅想让灯光更美,也想让舞台更美。于是,我们产生了第三个问题:如何让天台的灯光和舞台更美?

　　孩子们首先想到了使用一些具有装饰性的串灯让天台更美,如闪闪的彩灯挂在天台通道的围栏上;在灯罩上贴彩纸;还有的孩子迁移生活经验,提出用荧光棒等发光类材料让天台更美。

　　每个节目小组都想了一个代表的图案画在了幕布上,比如花朵代表萱草花的节目、双响筒代表上海童谣的节目、天鹅代表天鹅湖表演,等等。并且孩子们也对自己制作的背景画提出了优化方案:用荧光材料对背景画进行加工,让晚上的舞台效果更好。孩子们没有觉得这是一件麻烦的事情,而是一心地想把自己负责的事情做好,让晚会的效果更好。

问题4:如何让晚上天台道路更安全?

现在,所有孩子都在为周五的天台露营晚会忙碌着。或许,他们不仅在幼儿园,在其他地方也在惦记着自己晚会中的任务。因为,花生又提出了一个自己的想法:天台晚上很暗,还有台阶,爸爸妈妈上来的时候容易摔跤,我看到地铁楼梯上都贴了警示贴,我们也可以贴一下。

用什么来贴?贴在哪儿?怎么贴呢?……

孩子们又通过访问爸爸妈妈和讨论的方式形成了自己的理解:用荧光胶带,晚上可以看得见。他们在入场和出场的地方贴一个指示箭头,在通道处贴上指示方向的箭头,让大家知道怎么走;在天台楼梯的地方贴,提醒大家注意台阶,不要被绊倒。孩子们灵活运用自己对图形的理解,把长条形的荧光胶带剪成三段、并交叉组成一个箭头……孩子们不仅在发现问题、解决问题,还在运用验证来检验问题解决的效果。瞧!孩子和家长一起晚上来到幼儿园天台,在测试他们贴的夜光指示牌是否合适。

四、成果发布

经过孩子们一个多月的努力,他们拍摄了专属毕业纪念照,在天台布置了充满爱的回忆小屋,制作了充满留念的毕业手册,最后非常激动地邀请爸爸妈妈来参加了他们精心准备的毕业party,共同回忆幼儿园三年的难忘时光、感受成长的自豪、体验友谊的美好、畅想美好的未来。

五、成效与感悟

"人人参与,体验成长快乐",是这次大二班毕业季活动的基础,大二班的每个孩子都沉浸与投入到最美毕业季的活动中,几乎每个活动每个孩子都以小组或者个人的形式参与其中,孩子们对于大二班毕业季的体验是完整和连续的,每个活动我们都给到孩子参与和体验的机会。

在大二班毕业季的策划过程中,孩子们倾听和接纳同伴与自己不一样的意见,不同意时也会表达自己的想法,不断地调整自己,为了完成我们的最美毕业季,他们在不断努力。此外,老师也给予了幼儿宽松的互动氛围,鼓励幼儿在交往中自由表达与感受,让幼儿获得可以作为一个独立的、有能力的人的力量感。本场毕业季的组织者、参与者、策划者都是大二班的孩子们,在准备过程中,孩子们发现问题,解决问题,加深了活动体验,促进了整体的发展,比如做事的计划性、团队协作和有效沟通的能力、提出问题与解决问题的能力等。

(撰稿者:上海市嘉定新城实验幼儿园 王亭亭)

课程智慧 4-8 冬天如何给植物建造小暖棚

一、项目背景

最近幼儿关注到自然角新种下的种子发不了芽。两个小伙伴种植一盆,他们每天很用心地观察与照料,但是一个星期过去了,两个星期过去了,小种子始终没什么变化。幼儿在充满失望的同时又有着深度的好奇:"种子为什么发不了芽呢?""种子怎样才能发芽呢?"每个幼儿都希望自己和小伙伴一起种植的种子能发芽。

对于种子为什么不发芽,幼儿在自由活动和晨谈的时候进行了讨论和猜测,有的孩子猜测可能是水浇多了,有的孩子猜测种子应该只能在春天发芽,有的孩子猜测可能天气太冷了……到底是什么原因不发芽? 怎么才能让种子发芽呢? 于是,我们开始了本班的项目化学习活动"冬天如何给植物建造小暖棚"。

大班"有用的植物"主题内容与要求包含:"关心周围与我们生活中的花草树木,感受我们的生活离不开植物,懂得爱护植物。""了解一些种植蔬菜的新方法,关注新技术在蔬菜培植中的运用。""春夏秋冬"主题中也提到:"感受天气的变化,了解天气与人们生活的关系。""了解四季中常见的树木花草,乐于参加照顾树木花草的活动,体会爱护它们的意义。"而来源于幼儿需求的项目化学习内容"冬天如何给植物建造小暖棚",能把两个主题的相关内容与要求很好地链接在一起,给幼儿创设一个探究学习的机会。

二、项目设计

孩子们对"小暖棚"这一话题非常感兴趣,那开展以此为主题的项目化学习对幼儿发展有哪些价值和意义呢? 可以通过哪些活动促进幼儿发展呢? 是否有支持该项目开展的条件和资源呢? 通过查阅《上海市学前教育课程指南》《幼儿园科学领域教育精要——关键经验与活动指导》《3—6岁儿童学习与发展指南》等,我们对该项目化设计进行了以下思考。

(一) 学习目标

1. 通过调查、比较、收集信息等,了解植物生长与环境(温度)的关系。

2. 选择合适的工具和材料为植物设计、建造暖棚,尝试运用多种方式表达表现。

(二)核心经验

发展领域	关 键 经 验
社会领域	即使遇到问题也能持续专注地做一件事情(20—30分钟)。
科学领域	科学探究能力—— 1. 在探究中学习与他人合作与交流。 2. 选择合适的工具和材料,运用技术进行设计和建造。
	核心科学概念—— 生物与环境的相互作用——运用个人对生命需要的理解,为动植物设计生存环境。

基于上述思考,我们正式开始了以"冬天如何给植物建造小暖棚"为主题的项目化学习活动。

(三)明确项目驱动性问题

通过晨谈和自由活动的讨论交流,我们发现孩子对种子不发芽有一定的生活经验,同时孩子们对不同空间温度有一定的感受,再加上部分孩子在生活中有过暖棚里采摘草莓的经历,结合这些,我们思考驱动性问题的建立,梳理以下问题并分析:

1. 种子为什么发不了芽?(猜想并通过调查了解去发现)

2. 造成温度不一样的原因有哪些?(实地测量并调查了解)

3. 小园丁如何给植物造暖棚?(提出创造性解决方案、实验并分析)

这三个问题,从对自然角现象与问题的猜想与发现到影响温度的因素调查,再到如何给植物造暖棚,可以帮助幼儿从低阶思维向高阶思维转换,促进幼儿创造性的思考,提出更多解决问题的方法,从而形成项目成果。

三、项目开展

阶段一:种子为什么发不了芽?

基于晨谈活动讨论"种子为什么发不了芽",孩子们纷纷表达自己的猜想且记录,并呈现于墙面上,满足幼儿与同伴分享的需求。有的幼儿说"水太少",有的说"没有松土",有的说"温度太低",有的说"有虫子",有的说"阳光不够",等等。

在孩子猜想的基础上,我们发放亲子调查表,引导幼儿与家长一起通过网络、书籍等查找答案并验证自己的想法。最终,幼儿确定了种子的发芽与温度有关。

阶段二:造成温度不一样的原因有哪些?

我们的教室门口跟卧室门口都有温湿度计,有孩子发现两个温湿度计上显示的温度是不一样的,我们就引发孩子思考"幼儿园各个角落的温度是一样的吗",孩子们说不一样,说从教室走出去会感觉一冷。为此,我们开展了关于"幼儿园哪里最冷"大猜想和投票活动。

孩子们猜的几个地方是教室、卧室、操场、天台、屋顶花园、停车场、班级自然角、幼儿园门口、教室走廊、升旗台。其实,教室走廊、升旗台、班级自然角三个地方照片中没有呈现出来,是因为后面孩子们投票的时候这两个地方又没人选了。从照片上我们可以看到票数最多的是我们运动的天台。

为让幼儿对温度有更深刻的感受,我们领着幼儿,以小组为单位带着温度计到幼儿园的各个角落测量温度并进行比较。

我们发现,温度最高的是卧室 9.8 度,教室 9.5 度,教室门口走廊8.8度,三楼运动天台是9.5度,屋顶花园是9.3度,幼儿园门口是9.0度,操场9.0度,后面停车场8.7度。根据孩子们测量的温度,我们问孩子:"为什么你们觉得三楼天台温度最低,可实际上却不是最低?"几个孩子说:"阳光晒在身上暖暖的。""为什么停车场温度最低呀?"孩子们说:"有风吹来吹去的。""为什么卧室温度最高?""卧室在房子里面,比外面暖和。"就这样通过实地调查,孩子们亲身感受了影响温度的因素有光照、风、空间,相对密闭的空间比敞开的空间温度会高一些,从而向第三阶段改变植物生长所需温度过渡。

阶段三:小园丁如何给植物造暖棚?

如何改变植物生长所需温度呢? 有幼儿想到了"我们现在所吃的蔬菜是哪里来的",有幼儿想到了"跟爸爸妈妈去暖棚里摘草莓",说我们也可以给植物造一个暖棚。于是,造暖棚行动开始了。

我首先利用晨谈的时间组织幼儿讨论"你见到的暖棚是什么样的",有的说"像房子一样",有的说"透明的",有的说"有个门让人进进出出"……于是,我让孩子们利用现有的材料进行了搭建暖棚的尝试。

在第一次尝试中,孩子们自由选择小伙伴,从材料架上拿起自己需要的材料进行了尝试,较多的是直接拿塑料袋套在花盆外面,缺少计划性,尝试过程中也遇到了些问题,引起了大家的关注。

问题一:怎样的暖棚便于植物生长?

孩子们发现,用塑料袋的方法虽然能让植物获得生长所需的温度,但是植物不能呼吸到新鲜空气,不能自由生长,不便于浇水。有孩子提出了暖棚上面要开个口，便于植物向上长，便于浇水，也便于呼吸新鲜空气。有孩子说在旁边开个小门。

问题二：怎样的暖棚更美观？

随后，孩子们又发现用塑料袋直接罩住花盆的暖棚一点都不好看，软趴趴的，没有造型缺少美观性。那怎样更有造型呢？小亦说："做成房子样的，方方的。"小茉说："要用棒棒固定住，撑起来。"于是，孩子们开始了第二次尝试。

孩子们有的用树枝搭支架，搭好支架再封塑料纸，还注意到上面要留个口好让植物呼吸生长。有的孩子直接用废纸箱剪掉一部分变一变，再利用塑料纸、透明胶带、塑封纸等材料加工。经过小组合作，暖棚终于建得有模有样啦。看，我们做的小暖棚。

在较多地利用木棒、塑料纸和纸箱进行暖棚的制作后，孩子们又在想：还有什么其他材料可以制作暖棚呢？嘉嘉想到了大的矿泉水瓶子，上面剪掉，开个口便于植物呼吸与生长，下面也剪掉，像个罩子一样扣在花盆上，这样的暖棚使用起来方便，想给哪盆植物用就可以给哪盆植物用。孩子有了想法后，在老师的帮助下，对瓶子进行了改造。看，一个简单实用的暖棚就完成了。

阶段四：成果展示——参观种植园

最后，我们利用个别化交流分享的时间让孩子们进行了成果发布，满足孩子分享和体验成功的需求。这次的"冬天如何给植物建造小暖棚"项目化活动，让我看到了孩子的积极性、专注力和小组协商合作能力以及解决问题能力，孩子的探究能力也得到了很大的增强。

四、项目成效

（一）幼儿的持续专注力得到增强

在制作小暖棚的过程中，幼儿表现出了极大的兴趣，即使遇到问题也能持续专注地做一件事情。就拿个别化学习这个时间段来说，幼儿在小组制作时觉得时间不够用。

（二）具有进一步的科学探究能力

在参与调查、制订计划书的过程中，幼儿用数字、图画或符号进行了记录；在探究制作小暖棚的过程中学习与小伙伴合作交流，倾听理解别人的观点，促进幼儿的表达和交流能力。在制作的时候，幼儿选择合适的工具与材料，比如尺子、剪刀、纸箱、木棒、塑料纸等，运用多种物体进行建构和建造，为制作的物品设计简单的外观造型，设计制作能力也有了增强。

（三）对核心科学概念有一定的认知

通过项目化学习，幼儿理解了植物生长的基本需求以及满足其需求的不同方法。了解气温，利用测量工具温度计进行测量和比较。初步体会和了解不同季节与植物的关系。

（撰稿者：上海市嘉定新城实验幼儿园　江蓓蓓）

课程智慧　4-9　玩泥进行时

在幼儿近期的几个活动中，我观察到了以下几个场景：

在照顾自然角的动植物时，栩栩喜欢把自己种在土里的小土豆挖出来，把土撒得满地都是。勋勋时常把小花盆里浇满水，泥水溢出来后用手在地上涂画。

户外阳光活动中，孩子们沐浴在阳光下，脚踏在草地上，有的孩子喜欢手拿树枝轻轻拨开小草，挖出小草缝隙中的一点泥土，洒在小草上。

在户外角色游戏时，"爸爸"用泥土做了一碗娃娃最爱吃的"巧克力"，"妈妈"一边说着"这个巧克力好香呀！"一边嫌泥土脏，而用餐巾纸把泥土做的"巧克力"包住，然后再拿给"女儿"吃。

一、活动缘起——捕捉活动的生长点

从幼儿的各类活动来看，我们班的孩子对泥土产生了浓厚的好奇心。自然角中孩子喜欢玩泥水；户外阳光活动中孩子们喜欢挖草丛里的泥；游戏中幼儿用泥土制作的巧克力受到了大家的喜爱。但同时，我也看到个别幼儿潜意识里还是认为泥土是脏脏的，不想用手去触碰。

泥巴是自然和生活中常见的一种材料，是乡野游戏的重要元素之一，符合儿童好奇心强、爱探索、好动手的发展特点。作家雅希雅·西特伦在《脏一点也没关系》一书中提到，在自然界中很少有像泥巴这样有趣的东西了，虽然泥巴脏兮兮的，可是却能传递很丰富的感觉，调动孩子的感官和想象力，培养他们与大自然的重要联系，充分释放他们的天性。

教育实践中，教师和家长对于幼儿的玩泥活动缺乏正确的认知，并且存在着一定的误解，认为幼儿不应该玩"脏泥巴"，玩泥巴会将衣物弄脏，环境也会较为杂乱，收纳整理材料也比较麻烦。成人过于讲究"卫生"为的是方便收拾和整理，使幼儿游戏中自然的泥巴逐渐被一些色彩鲜艳的材料取代，例如彩泥、轻黏土、太空泥和水晶泥等。幼儿缺失与自然泥巴互动的机会，就无法积累相关游戏的经验。

基于以上思考，我认为应该抓住幼儿对泥土的兴趣点，让儿

童充分地和自然泥巴进行互动,在玩泥中增强对泥巴的自由感知,更好地促进儿童的发展。

二、活动准备——课程资源的链接点

关注到幼儿对泥土的兴趣点、捕捉到活动的生长点后,我开始思考课程资源的链接点在何处。

(一)链接小班幼儿各领域核心经验

1. 科学领域核心经验:了解土的基本特征,如土壤颜色、软硬等。

(1)运用多种感官感知泥土的特征。(观察实验能力)

(2)对观察到的不同的泥土和现象进行积极思考。(科学思考能力)

2. 艺术领域核心经验:能对自然界中的泥土感兴趣,用动作等去感受、表现喜欢的事物。

3. 语言领域核心经验:用描述性的词汇对其观察泥土的经验进行讨论和分享。

(二)链接园内外资源

1. 园内资源:幼儿园里的草地、菜园、树林、沙水区等都有泥土。此外,园内丰富的探究工具给孩子们创造了了解泥土、探究泥土、玩泥巴的条件。园内阅读树中有很多关于泥巴的绘本。小小的《泥巴书》有大智慧,是一本集烹饪、游戏、艺术于一体的好玩泥巴书。绘本《小泥巴 咕咚咕咚》画面简单,大大小小的棕色的泥巴球,滚来滚去,各种各样丰富的表情能吸引小年龄孩子的注意力,丰富他们对世界和周围事物的感受力。

2. 园外资源:泥土在我们生活中随处可见,家长可以带孩子收集户外的土壤,户外大自然为幼儿探究泥土提供了得天独厚的优质资源。

对各领域幼儿的关键经验有充分的理解与认识,链接了各类资源后,如何丰富幼儿成长经历,给予小班幼儿更多元的户外体验呢?

三、活动开展——触发幼儿探寻经历

(一) 我想和"泥"玩

既然孩子们喜欢玩泥,何不尝试跟孩子们聊一聊,真的让他们玩起来,感受一下玩泥的乐趣呢? 因此,我尝试与小班的幼儿进行对话,通过谈话活动来了解幼儿对泥土的已有经验与问题。我梳理了与孩子们的聊天记录。

"你在哪里看到过泥土?"家里玩过橡皮泥;乡下地里有;花盆里有泥土……

基于孩子们的好奇好问,我们家园联动,开始了以下探索。

1. 找一找,"泥土都一样吗?"

我带着孩子在幼儿园里找泥土,他们在小树下发现了泥土;在花盆里找到了泥土;拔开小草看到了泥土;小菜园里都是泥土;长龙下面也有泥……原来大自然中的树木小草都离不开泥土,我们的生活也离不开泥土。

利用周末,爸爸妈妈带着孩子一起去找身边的泥土,有的在河边找到湿湿软软的泥土;有的找到了松软的花泥;有的在砂石中找到了一粒粒的泥土;有的找到了硬硬的泥块;有的在菜地里找到了有洞洞的泥土……原来泥土不太一样哦!

2. 摸一摸,"泥土摸上去什么感觉?"

跟随着孩子们的步伐,我们带着水桶、铲子一起去挖泥土,收集泥巴。围坐在一起,摸一摸泥土,说说泥土的感觉:"我觉得泥

土是冷冷的,冰冰的,硬硬的,像石头一样。""有点软软的,可以捏的。""有点硬……"

3. 听一听,"泥土能变成什么?"

绘本故事中有多少绝妙的创意在等着小朋友们发现呢。孩子们发现和好泥以后,书上给出了各种不同的形状,泥巴可以制作泥巴派、蛋糕等。绘本故事给了孩子很多的启发,以及想象力的启蒙。

(二)玩"泥"进行时

我尝试通过以下三个活动带着孩子们一起真正走近泥土,体验"泥"真好玩。

1. 踩泥巴:创设一个真实的小泥潭,孩子们穿上雨衣套鞋、筛泥巴、搓泥巴,用树枝、工具去玩泥浆,尽情地在泥地里撒欢。

2. 泥巴画:

(1)狂野泥巴画:孩子们在泥土中倒入水变成泥浆,直接用手、脚涂、踩在白纸上留下各种各样有趣的印记:一辆小汽车,一座大山,大灰狼与7只小羊……

(2)气球泥巴画:和泥倒入气球中,用打气筒将气球吹大,用树枝扎破气球,哇～!泥浆水在白纸上留下了炸裂的痕迹,太惊喜太刺激了!加上眼睛、树枝、小果子,变成了一个个可爱的造型。

3. 泥巴面具:一点泥、一点水、几颗掉落的小果子、几片树叶、几棵小草、随处可见的小石子,拼凑了今天的快乐!

(三)玩一玩泥巴小厨房

户外角色游戏开始啦!泥巴厨房开业啦!后厨里,厨师们正忙着用水和泥,搓一搓、揉一揉、压一压,软软的泥巴塑成了各种百变造型:巧克力蛋糕、牛肉披萨、曲奇饼干……还用干干的小土块变成了一粒粒的盐、巧克力豆、糖果,今天的菜式非常丰富,吸引了不少小顾客的光顾。瑾瑾带着娃娃来到小厨房:"今天是娃娃的生日。"

于是,小厨师们纷纷拿出了自己制作的美食,蜜蜜拿了自己做的肉丸子、西西拿了长长的面条、睿睿端来了一块曲奇饼干、小圆子做了一串烧烤丸子、董蕙拿来了一个蓝莓夹心蛋糕。小厨房的厨师们和妈妈一起为娃娃唱起了生日快乐歌,一起来给娃娃庆祝生日,还给娃娃喂了各种自己制作的美食。

四、实践思考——户外活动的价值体现

孩子对于沙子、泥土之类的东西是情有独钟的,但城市里的孩子们平时很少接触泥土。通过"玩泥进行时"活动,打破界限,消除了教育实践中教师和家长对于幼儿玩泥活动的误解。

活动中,孩子们回归大自然,他们的天性在不断地释放。踩泥潭活动中,孩子们从开始拘谨地慢慢走到双脚跳跃;从站立到坐下;从不用手触碰到双手沾满泥巴;从用手涂鸦搓揉泥团到用树枝、树叶、木片等自然物去创作……游戏时,有的小朋友从一开始不愿意触碰土和泥巴,到最后愿意用小手和泥巴组合做成饼干、披萨。可见,孩子们在不断地挑战自己,在相互模仿、互动交流中传递经验,尝试探索泥土的不同属性。

(撰稿者:上海市嘉定新城实验幼儿园　李森苗)

I 第四节 I
运动，我们爱玩耍

指向幼儿个性化发展的"我的运动"关键在激发运动中幼儿的主动性。在日常活动中，成人尊重儿童的意识，但经常以自身的主观意识理解儿童的需求与意愿，并以此代替儿童的想法；成人对儿童参与行为的重视程度不高，常常忽视儿童主动发起的互动或儿童表达需求的意愿。[①] 我园改变观念，尊重幼儿参与的权利，从被动参与到主动参与，让幼儿自己发声、主动表达、自主选择、自主评价。在运动中，幼儿有机会发声，表达对场地材料的喜好，教师倾听并珍视幼儿的声音；幼儿有权利自己做决定，选择材料、玩伴、玩法，教师相信并尊重幼儿的选择；幼儿有能力自己评价，对运动过程和结果做出反思与调控，教师肯定并支持幼儿的评价。

指向幼儿个性化发展的"我的运动"核心在满足幼儿运动的需求，激发幼儿内在动机。动机是激发和维持有机体的行动，并将使行动导向某一目标的心理倾向或内部驱力。好奇心、兴趣、探索欲、成功、获得认可等都是幼儿运动的动机。根据实践观察与归纳，我园将运动中探索的需求、获得认可的需求、创新的需求、运动的快乐、成就的追求等界定为幼儿运动的基本需求。在运动中，创设开放自然化环境、提供低结构材料、营造支持性氛围，教师关注过程、肯定与鼓励幼儿，幼儿自主运动、自主评价，满足运动的基本需求。当得到满足时，幼儿在通过身体动作感知体验周围世界中获得积极反馈，并构建积极的自我感觉，激发主动运动的意愿，引发乐于参与运动、持续参与运动的行为。（见表4-2）

指向幼儿个性化发展的"我的运动"需要关注运动中的"每一个"，依据幼儿运动评测数据，设计班级差异化运动方案。我们以幼儿运动观察评测信息为依据，以班级为单位分析幼儿运动能力与发展水平，形成"班级—个体"的运动发展数据

[①] 陆晔，李芳.指向每位幼儿发展的"我的运动"实践与探索[J].上海教育科研，2023(1)：70-75.

表 4-2　幼儿运动的基本需求

需　求　类　型		满　足　途　径
探索的需求	幼儿乐意按自己的意愿探究运动材料的不同玩法,并进行操作。	幼儿自主运动支持性氛围
获得认可的需求	成人或同伴对幼儿行为和动作表现的肯定、认可。	成人、同伴的肯定
创新的需求	幼儿在环境材料的操作中产生新想法、创造新玩法。	开放的环境材料
运动的快乐	幼儿通过肢体与动作探索周围世界、掌控身体,并获得愉悦感。	幼儿自主运动
成就的追求	幼儿渴望成功,获得积极的自我感觉和自信心。	支持性氛围、自主评价

库,并以此对班级幼儿、个别幼儿的运动预设差异化方案。

我们的班级差异化运动方案有模有样。以大三班为例,针对班级幼儿整体下肢力量偏弱的情况:首先,教师从幼儿、家庭、园所等方面分析班级幼儿下肢力量偏弱的原因,了解下肢力量"较弱"幼儿的具体情况;其次,在运动内容平衡的前提下,教师发掘增强下肢力量的器材与玩法以及运动游戏,依据科学着重设计相应的区域活动和运动游戏,满足班级幼儿下肢力量发展的需求;最后,家园沟通了解幼儿家中运动情况,家园指导为家长提供亲子运动游戏的参考和提示。

我们的个别幼儿个性化运动方案绘声绘色。教师通过"分析原因→分阶段实施→家园共育→调整反馈"路径制订个体幼儿健康运动方案。教师在运动各个环节中给予特别关注和支持,同时,教师指导家长科学开展亲子活动。通过基于共同目标的家园协同合作,学校建立基于增强幼儿运动能力的家园伙伴式合作模式,保持家园一致性,满足幼儿个性化发展需求。

指向幼儿个性化发展的"我的运动"需要依据过程性观察与评价,关注每个幼儿的纵向发展。我园依据《指南》以及《国民体质标准测定手册(幼儿部分)》,细化形成适用于教师和家长的区域运动观察表、运动游戏观察表 20 多个,从运动兴趣、运动能力和运动品质等方面记录幼儿在运动中的真实表现状态,为后续教师支持幼儿发展提供实证数据。

教师运用观察表对班级中每一个幼儿运动状况进行观察记录,初步形成每一个幼儿运动兴趣、能力、品质的三维画像。本着幼儿阶段全面发展的基本教育原则,重点关注每个维度上处于较低发展层次的幼儿,教师生成针对性的支持措施,帮助每一个幼儿实现自身基础上的纵向发展。

指向幼儿个性化发展的"我的运动"实施策略如下。

1. 运动实施路径:动态调整。"我的运动"的实施不是按照预设一成不变执行的过程,而是教师依据幼儿运动发展而不断跟随支持的过程。在"我喜欢的运动环境"和"我爱玩的运动活动"中,幼儿自主选择、自我调整、自我评价;师幼共建场地、共同研制评价内容,幼儿在参与、选择、决策中彰显主体性。教师运用观测工具观察幼儿运动,以幼儿运动发展实证数据为依据分析幼儿运动;教师尊重每个幼儿运动发展需求的真实,关注幼儿体质与品质的共同发展,运用专业知识通过师幼互动、高低结构活动链接、家园协同等途径不断改进调整活动,满足幼儿发展差异化需求,实现"我的运动"的动态实施。从幼儿到教师,从幼儿自主运动到教师支持幼儿,从观察分析到改进调整,不断循环往复、螺旋式上升。

2. 运动观察与指导:支持性、全面性、递进性。(1)支持性情感策略,营造快乐运动的心理环境。教师依据幼儿年龄特点、学习特点与发展水平的不同,尊重、相信、支持幼儿,尝试用认可、鼓励、挑战等支持性情感策略给予活动过程中幼儿以语言和行为的支持,营造享受运动、快乐运动的心理环境与支持性氛围,让幼儿感受运动带来的自我实现与发展的快乐,培养幼儿自信、阳光、抗挫、勇敢的品质,成就健全人格。(2)三维支持策略,实现幼儿的全面发展。依据"我的运动"三维目标维度,探索"兴趣—能力—品质"三者交互作用,提炼支持幼儿全面与协同发展的三维支持策略:兴趣优先、品质为本、能力为重,形成以优势维度带动弱势维度的"兴趣+""能力+""品质+"支持路向。在实践中产生"兴趣—能力"四象限组合式的支持方式:对于有兴趣又有能力的幼儿,教师放手、鼓励同伴互动,在适度挑战中共同发展;对兴趣与能力都不足的幼儿,教师要重点支持,以"兴趣＋"的方式,先激发兴趣再提高水平;对于有兴趣但能力不足的幼儿,教师引导幼儿小步递进不断提升水平,鼓励幼儿在同伴交流与分享中模仿学习;对于能力强但兴趣不足的幼儿,教师及时肯定幼儿的创造,鼓励幼儿表达运动的乐趣,创设机会让幼儿在分享中体验成就感。

(3) 小步递进策略,推动幼儿在最近发展区内成长。教师依据细化的幼儿运动发展水平,在观察与识别的基础上,明确处于相似发展水平幼儿的下一步发展目标,在不断更新的最近发展区实现幼儿发展的总体目标。教师明确幼儿最近发展区后,可通过设置问题让幼儿去寻找、尝试不同的解决方法;在幼儿遇到问题或有学习意愿时,通过语言解释、动作示范等为幼儿提供直接指导;当幼儿遇到危险时,教师必须及时进行干预和制止。在目标分解和小步递进中,不断推动幼儿成长。

课程智慧 4-10 变单一钻爬为综合运动

——优化运动场地促进幼儿个体发展的实践探索

一、观察与倾听

原有 8 号运动场地以发展钻攀爬能力和身体协调性为主,场地上已有的运动器械主要是长龙、白桶以及攀爬架。长龙和攀爬架在设计上具有稳定的运动特性,固有形态和功能缺少变化的灵动性。

通过一段时间的观察,我们发现:班级幼儿在场地轮换的过程中表现出对于长龙和攀爬架缺乏兴趣。据观察,大部分幼儿在每次运动前期会与同伴一起钻进长龙,在完整钻爬过一圈后,他们更多会选择在整个场地上绕着长龙和运动场地的树林进行类似于追逐的游戏。

回到教室后,通过一对一倾听的互动方式,我们尝试去了解幼儿内心的想法：

桃桃："长龙太简单了，我已经可以很快出来了。"

恒恒："我已经玩了好几次了，不想再玩了。"

帆帆："我想在长龙的上面爬。"

······

通过倾听，幼儿的需求展现眼前，这也令我们对此现状展开思考。

二、解读与分析

问题：

当前，运动场地的环境设计、材料提供、运动形式无法满足班级幼儿在持续运动过程中增长式的运动需求。如何改变对已有器械的思维定势，立足幼儿真实需求，多维度地给到每一位幼儿创新的、可持续的运动兴趣与体验呢？

我们的思考分析：

（一）对运动环境的思考

目前，幼儿园现有的运动场地是按照顺序每周进行轮换，对于 8 号运动场地班级幼儿已经具有前期的运动经验，对场地环境也比较熟悉。长龙作为一个大型的运动装置，以其环绕式的造型占据了 8 号运动场地较大的一块区域。同时，因其钻爬位置高、无法移动和大范围改造的特性，导致该场地的运动环境在视觉效果上很难有新的突破。缺少新的视觉刺激，幼儿在运动中面对几乎一成不变的环境创设，很难激发起持续的运动兴趣。散落在树林中的两处攀爬架在外观形态上也因其固有的运动属性而难有新的改造趋势。

整个 8 号运动场地的环境创设因其大型固定式器械的摆放

缺少灵活多变的特性,这导致幼儿在面对很大程度上一成不变的运动环境时容易产生疲倦、枯燥的心理状态。

(二) 对运动材料的思考

除长龙、攀爬架以外,当前8号运动场地上还有白色滚筒、固定在山坡上的四个轮胎组等运动材料。相较于其他运动场地的材料提供,呈现出比较单一、操作性低的特点。白色滚筒因其自重较大,幼儿推动起来非常费力,且如果将滚筒推至山坡上滚下具有一定的安全隐患,继而导致幼儿的可操作性降低,无法从材料中获取更多玩法探索的可能性。

当前,单一乏味的运动材料已经无法满足班级幼儿在运动中想要玩出花样、玩出新鲜感的需求,这也是导致幼儿运动兴趣丧失的因素之一。

(三) 对运动形式的思考

户外运动本是幼儿释放天性的重要空间,运动对于大部分幼儿而言是比较自由的、充满挑战的。然而如果只是一味地让幼儿动起来,教师的指导语言也局限于运动技巧的传授和加油鼓励式的正向语言,这并不适用于班级所有幼儿,甚至有可能对于一些运动兴趣不那么高涨的幼儿产生身体心理上的双重压力。

在运动课程的架构下,应改变、丰富户外运动的形式,让其更普遍地适用于全体幼儿的兴趣需求,进而从满足幼儿需求的角度出发让运动顺应他们的天性。

(四) 对幼儿真实需求的思考

幼儿的内心想要在运动中获得什么,作为一名教师这也是我一直在思考的问题。或许是掌握一项新的运动技能;或许是完成一次从未成功过的挑战;抑或是得到身边同伴和教师的赞赏……

其实不论如何,幼儿从运动中获得的是一种正向的情绪价值,是一种自豪感和成就感,是自我效能感实现的完整过程。

当然,幼儿的需求会有外显的部分。例如,他们想要在当前运动中添加哪些运动材料、想要怎样调整教师预设的运动器械摆放的方式、想要和谁运动、怎么运动,等等。作为教师,我们无时不刻不在尝试去走近幼儿、了解幼儿。在这一次幼儿运动需求的探索中,我们也应该通过观察、倾听和满足幼儿需求为目标,将8号运动场地打造成为幼儿想要的样子。

(五) 对幼儿个体差异的思考

幼儿的个体差异就好像是整体和部分的辩证关系,作为教师,我们应当放眼整体幼儿,兼顾个体幼儿运动能力的发挥,提高品质。长龙、攀爬架,甚至是白色滚筒对于幼儿运动素质的挑战几乎是在同一水平线上。幼儿的个体差异可能只有在通过长龙的速度、攀爬的高度、是否能够在滚筒上行走上等流于表层的维度上有所呈现。

如果只是依靠原有的、固定式的运动器械是无法给予班级每一个孩子公平的发展的,只有在同一运动内容中设计差异化的挑战难度才能够适应个体幼儿的发展。同时,在设计与实施上并不是以成人视角为理所当然,而是应当基于长时间对于班级个体幼儿观察解读的基础之上,倾听幼儿真实想法,将幼儿纳入运动创设的范围内,师幼共建出能够满足幼儿个体差异的内容。

(六) 对教师运动中教育策略的思考

反思自身的教育行为,作为一名新教师,我在运动前与幼儿就运动场地和内容的预告更多的是语言上的灌输和动作上的示范;运动中对于幼儿的帮助和指导,更多是动作要领的语言讲述、鼓励式的语句、动作上的辅助;运动后组织一次分享会,听听孩子的运动故事,倾听个别孩子对于运动的需求……诸如此类,都是比较普遍的教育行为。

如何在运动中提升教师的专业作用,适当地放低自己、解放天性,和幼儿一起体验运动,在打成一片的欢声笑语中,或许我们可以更直观、更真实地观察到和我们更近距离的他们。

三、回应与支持

(一)结合多个场地的辅助材料,融合打造具有创新意义的运动内容

用4号场地的木梯、长板,3号场地的轮胎与白色滚筒相结合,打造成勇敢者道路。班级幼儿在4号场地运动时,对于每天都在变化的勇敢者道路具有浓厚的兴趣。不仅仅是每天梯子、木板架设方式都有不同,更是幼儿可以自行根据兴趣、能力去调整他们的摆放方式,真正参与到运动材料、运动场地的设计中。

(二)结合班级幼儿喜爱游戏的内容,打造游戏化的运动体验

3—6岁年龄阶段的幼儿,游戏是他们天性的需要,也是他们社会性发展的需求。将运动游戏化,在遵循幼儿身心发展规律的基础上,以运动作为载体,以幼儿喜欢的游戏作为形式,促进幼儿产生深入体验式的运动。

班级幼儿在过往角色游戏的过程中表现出对于军队游戏的兴趣需求,结合野战行军的游戏内容,设计激发幼儿运动兴趣的运动项目。例如:运用小山坡上松树林的环境特点,在各个树干处用麻绳连接打造出封锁线。封锁线上悬挂松果当做警报器,幼儿需压低身子葡萄通过,避免触发警报引起敌人注意。

（三）关注班级幼儿在运动能力上的个体差异性，为同一运动内容设计阶梯式难度

以白色滚筒为例：班级幼儿在上肢力量、身体协调性上发展水平不一，故在白色滚筒组成的勇敢者道路上以分叉式的道路设计，给到幼儿自主选择、挑战的空间。在高度上，两条分叉道路其中难度较低的一条选择高度为幼儿身高一半左右的白桶，另一条则选择高度为幼儿身高四分之三左右的白桶。在白桶上所架设的木板长度上，其中难度较低的一条选择长约 1.5 米的短木板，难度较大的道路上选择长度约为 2 米的长木板架设在两个白桶间。在道路的长度上，较低难度的通道长度较短，较高难度的通道长度较长且白桶、木板的数量也相对较多。在辅助物的选择上，难度较低的通道选择能够稳固站立在地面上的人字梯以及供幼儿当作蹬起支撑的网格轮胎，难度较高的通道上选择倚靠在白桶一侧的直梯。

以长龙为例：作为 8 号运动场地上的固有器械，班级幼儿从中班开始就有相关的经验积累，在最近的运动过程中绝大多数幼儿都能够轻松地完成整个长龙的钻爬。在考虑安全的基础上，也结合班级幼儿喜欢在长龙上方攀爬的兴趣需求，我们开放了长龙其中两段具有一定高度且有安全保障的区域供班级幼儿在上方攀爬。同时，为了进一步保障幼儿的安全，我们在环境创设上铺设了足够大的软垫；在教师站位上，基于三位一体的要求合理分配站位，确保兼顾重要场地安全。

（四）尊重幼儿在运动中的生成性需求，在确保安全的基础上自行调整运动材料

以勇敢者道路为例，幼儿在实际运动过程中可根据对自我运

动能力的考量调整木板的位置、木梯的数量、白色滚筒的高度，让勇敢者道路更具挑战性。

例如：帆帆在一次运动的中后期，发现勇敢者道路上原本两个白色滚筒上架设一块长木板的道路对自己来说比较简单，在和同伴恒恒、桃桃商量并询问了教师的意见后，将长木板去掉了，帆帆选择用跪跳的方式通过这两个可产生一定位移的滚筒。从中可见，幼儿在运动过程中有对自我运动能力的思考，他们能够主动提出想法，并与同伴、教师通过语言上的沟通，在确保安全的前提下对运动场地的内容进行调整。教师在过程中给予孩子的是观察、参与协商和肯定，在确定运动安全的大前提之下，教师对于幼儿生成性的想法及时给予正向的肯定。

（五）设计运动挑战路线，串联整个运动场地，形成具有闭环式特点的运动内容

整个运动场地应当是一个有机的整体，割裂的运动内容容易导致幼儿在单一的运动器械上长时间停留。故在运动环境的创设上，有意识地将勇敢者道路的出口对着攀爬架的方向；变原先长龙单一的出入口为多个出入口（转转珠、轮胎架、平衡木、滑梯），从而使得多个出口方向对应着不同的运动内容。幼儿能够在游戏性的运动体验下，通过环境空间潜移默化的引导不断尝试各种运动内容，将整个运动场地变成一个有机的整体。

（六）成为幼儿的运动伙伴，在共同运动中进行更直接的观察解读

站上晃动中的白色滚筒，牵起一旁幼儿的手；在长龙的一头击掌等待幼儿的到来；在树林间和幼儿一起化身匍匐前进的侦察兵。每一次近距离接触都让我们看到了更加真实、没有修饰的孩子。这时的他们少了想一想再说的顾虑,而是将最真实的一面展现在我们眼前。

(七)课程设计融合多种运动能力的培养,变原有单一场地为综合性运动场地

原有场地的运动器械偏向于发挥幼儿的钻攀爬能力以及身体协调性,然而通过融合多种辅助材料以及创设新的运动内容,对于幼儿的上肢力量、下肢爆发力以及核心力量的培养都有所涉猎。新的运动内容也能够激发幼儿的运动兴趣。

(撰稿者:上海市嘉定新城实验幼儿园 陈李彤)

课程智慧 4-11 我想这样玩跨栏

一、观察与解读

片段1:

今天轮到我们玩2号运动场地——跑道区,来到跑道上,孩子们自由分散成不同的小组,将跨栏、数字跳垫等运动器械放在跑道上,接着又搬来了独木桥,把3座独木桥都连接在一起。这时,配泽拿着一个弹力球放在了数字跳垫上的"1"上,然后又拿了一个弹力球放在了"2"上,当配泽再放第3个球的时候,嘟嘟说:"这里不可以放弹力球。"配泽说:"我想放在这里,数字跳垫不好玩!"源源说:"对对,可以放在数字跳垫上,这样感觉更好玩!"

片段2:

"预备,出发!"只听见源源一声令下,多多和欣妍从起点出发了,多多在1号跑道上跨过跨栏,1,2,3,4,多多一口气连续跨过了 4 个跨栏,然后快速翻越桌子,又快速地来到了白色攀爬架旁,轻松地翻越过了! 旁边的欣妍也是,朝着自己的终点奔跑着。跑到一半的时候,欣妍便停了下来,B 老师说:"欣妍,你怎么停下来了。"欣妍说:"这里太热了,好热呀,我跑不动了!"

片段 3:

玥儿在跑道上玩连续跳的跨栏项目,她像小兔子一样一个一个地跳过跨栏,1,2,3,4,当跳到第 5 个的时候,玥儿突然往前扑了一下,双手往前一撑。A 老师看见后急忙将玥儿扶了起来,问:"有没有摔疼哪里?"一边询问孩子一边查看幼儿身上有没有受伤的地方。玥儿摇摇头。A 老师说:"怎么会摔跤的? 下次要注意安全哦! 动作慢一点哦!"接着,A 老师让玥儿去休息了。

片段 4:

在跑道上,孩子们一个一个排好队准备开始运动,老师们也在跑道边上关注着孩子们的运动情况。有的孩子在进行跨栏,有的孩子在连续跳······突然,我听见有老师对着一个孩子说:"悠悠,你的脚可以再抬得高一些,这样跨栏的动作就更加标准了。"悠悠听见老师的提醒,在跨栏的过程中开始调整自己的姿势。某老师说:"悠悠,老师跑一次给你看看!"某老师快速地从起点开始,抬高双腿跨过跨栏! 悠悠在老师的鼓励下尝试了 3 次。老师也不断地给悠悠竖起大拇指。老师结束指导后,悠悠便跑到小树林里去玩攀爬架了!

片段 5:

今天是玩跨栏的第 5 天,也是本周的最后一天,源源和钱包在运动一开始,便跑到了小树林里面去玩爬树,念念和嘟嘟手拉手走到了跑道的尽头玩起了悬垂,多多和妹妹在玩数字跨栏。肉肉、凯凯两个在跑道的中间玩跨栏。大多数的幼儿都在树林、数字跳垫、悬垂的地方运动，三三两两的幼儿会时不时在跑道中间玩跨栏。

二、分析与反思

1. 幼儿有不同的运动需求

在幼儿阶段，孩子们的身体发育和兴趣点各不相同，因此他们对运动的需求也存在差异。在片段2和片段3中，有的幼儿享受快速奔跑和跳跃的过程，这反映了他们对速度和力量的追求；而有的幼儿则可能更注重平衡性，他们可能更喜欢在跨栏时寻找稳定感。有的幼儿对运动的新玩法也有需求，寻求在跨栏场上不同的玩法。运动后半程，大多数的幼儿都跑到较阴凉的树林去运动，对跑道中间的跨栏似乎兴趣不大。

2. 幼儿之间运动能力有差异

在跨栏运动中，明显可以看出幼儿之间在运动能力上的差异。有的幼儿能够轻松跨越，表现出良好的身体控制和协调性，而有的幼儿则可能需要更多的尝试和帮助。同时，班级幼儿整体在跨栏这项运动中也存在较大的差异，有的幼儿对跨栏兴趣强，热情高，哪怕在阳光底下，也能够持续玩。有的幼儿因为太热或者是运动不够有趣而放弃，去玩其他的项目。幼儿有这种差异是正常的，因为每个幼儿的成长节奏和身体素质、兴趣都是不同的。教师需要尊重差异，确保每个孩子都能在适合自己的水平上得到挑战和支持，避免幼儿因为难度过高或过低而产生挫败感或无聊感。

3. 教师要更加放手

在片段3和片段4中，教师强调了动作规范性和安全性，在幼儿跨栏的过程中向其示范规范动作，并鼓励幼儿多次进行尝试。然而，如果教师过分强调动作的规范性并长期为幼儿提供专业的动作指导后，缺乏足够的变化性，幼儿渐渐觉得运动是不断重复和乏味的活动，可能会限制幼儿的自由探索和创造性，影响他们的运动兴趣。同样，教师在运动的过程中，过度关注运动安全的话，当这种关注达到"过度"的程度时，可能会对幼儿的运动体验和学习产生一定的影响，可能会限制幼儿探索，从而阻碍幼儿自由探索和尝试新动作。

三、回应与支持

运动要以幼儿的运动经验和兴趣为基础，引导幼儿探索运动的奥秘，在潜移默化中培养幼儿的运动能力。通过"倾听—实践—再倾听—再实践"，开展"我想这样玩跨栏"的运动活动调整，尊重幼儿之间的个体差异，满足不同幼儿的需求，激活每一个儿童。

（一）运动前的打破思维，激发智慧

（1）聚焦新玩法，打破原来固有思维

基于孩子们目前的运动情况，我和孩子们进行了互动："你想怎么玩跨栏？"孩子们说："我想和某某某一起玩""我想把跨栏一个一个摆开放，然后跳过去""我想放很多很多的跨栏，然后跑过去……"

通过和孩子们的对话，我发现孩子们对跨栏的经验不多，玩法几乎就是"我想和谁玩"，或者就是重复之前的玩法，思维几乎被束缚了。于是，在一次运动中我抓住了契机，将跨栏和抓尾巴结合在了一起，其中包含了场地的调整、材料的提供，等等，将玩法拍成视频并在班中进行了交流分享，于是，孩子们的思路慢慢被打开了，纷纷说道："原来跨栏还可以这样玩，好好玩！"

（2）现场采访，激发幼儿运动智慧

基于幼儿在运动中的主动权和参与权，激发幼儿更多的运动智慧参与到运动中来，在运动开始之前，我再次和孩子们进行了互动采访："看了之前的新玩法，你还想怎么玩跨栏？"希望可以从幼儿视角出发，了解幼儿对玩跨栏的新经验，玩出属于幼儿自己的跨栏运动，满足幼儿不同的需求。

多多说："我想拍球，拍球跨过跨栏。"

念念说："我想玩石头剪刀布。"

米粒说："我也想在有阴凉的地方玩，跑道上太热了。"

越越说："把跨栏靠得近一些，中间放一个炸弹（沙包），然后可以跨过去。"

玥儿说："我想拿一个沙包夹在腿在中间，然后再跨栏。"

元宝说："我可以像螃蟹一样横着过跨栏。"

钱包说："我想到斜坡上玩跨栏，就像在斜坡上踢足球一样。"

通过运动前的经验准备，我发现，孩子们对于跨栏运动是有经验和想法的：有的孩子觉得在跑道上天气太热了，所以不想一直待在跑道上，想去有树阴的地方运动；有的孩子提出了想要把其他一些器械组合一起玩跨栏；有的孩子想要把跨栏搬到室内来玩。孩子们的想法就是实施课程最好的内容。教师时刻给幼儿提供表达的机会，鼓励幼儿自己发声、主动表达和自主选择，课程在一瞬间就有了新的转变。当然，这并不意味着教师要完全盲从儿童的想法和行为。幼儿由于年龄和认知水平的有限，他们的想法和行为可能并不总是合理的。因此，教师在尊重儿童的同时，也需要进行必要的引导和干预，可以将幼儿的兴趣、想法和运动的核心经验进行连接，以确保幼儿的活动既符合他们的兴趣和发展需求,又能够达到运动目标和要求。于是,我们将儿童的想法分为三块内容:环境、玩法和材料,基于这些内容进行新的实践。

(二)运动中的思维碰撞、激发火花

(1)新环境——变化场地,重拾新兴趣

长久以来,教师创设的固定环境会让孩子们对熟悉的场地产生倦怠,渐渐就失去了对运动的兴趣,于是,我们便开始打破原来的思维,希望通过新的运动环境来重拾幼儿新的兴趣。我们把原来在太阳直晒下的跑道搬到了树林里来,孩子们就不会因为太热而不想运动。同时,树林里高度不同的地势对孩子们具有挑战性,对孩子们下肢力量的发展和平衡性也提出了更高的要求。孩子们越玩越高兴,越玩越出彩。另外,我们还将户外的跨栏搬进了室内斜坡,幼儿从低处往高处跳,锻炼了下肢的爆发力。孩子们还可以从高处往低处跳,能够感受跨栏带来的趣味性。从跑道到树林,从户外平地到室内斜坡,我们发现,孩子们对新的环境是有需求的,他们渴望在新的环境中寻找新的运动乐趣。

(2)多样玩法——集思广益,激发新思维

尊重不同儿童的想法,以儿童为中心,接纳儿童主体地位,让儿童位于课程的中央。运动课程中多样有趣的玩法能够激发幼儿对课程的持续性探索。怎么样的玩法是有趣好玩的?这时候就需要凝聚大家的智慧,听听孩子们的想法。在运动中,幼儿将自己的想法和跨栏进行结合。有的幼儿将跨栏竖着放,一个挨着一个,走在上面当做平衡木来玩;有的幼儿把跨栏一个一个摆好,利用匍匐前进的方式穿过跨栏;有的幼儿将石头剪刀布的民间游戏融合在跨栏里面,一边跨栏一边玩石头剪刀布的游戏,等等。

幼儿将自己的想法一一实践,成为了运动中的主体。幼儿的需求得到满足,教师在过程中要及时关注幼儿的兴趣。同时,虽然儿童一直处在主体地位,但教师并非一直处于客体,儿童与教师的关系不是单纯的主体和客体,中心与边缘的关系,而是协调依存、共同进步的合作共同体。教师需要积极、自信地陪伴在儿童身边,满足幼儿的不同的需求,作为一位玩伴、一个倾听者,以陪伴、支持、引导儿童全面、和谐的发展。

(3) 材料提供——材料结合,创造新玩法,及时调整

教师要充分利用身边的资源来支持和促进幼儿做成他们想要做的事,让幼儿自尊心、自信心得到极大的满足和鼓舞,增强幼儿自我效能感。运动材料是运动中一个重要的组成部分,它对幼儿的运动兴趣、运动能力、运动智慧都起着直接的作用,对于中班孩子来说,在运动中有自己喜欢并且熟悉的材料是能够对运动能力有极大帮助的。并且,他们能够利用这些材料按照自己的想法去大胆的运动时,兴趣就再次被激发。

结合幼儿们的想法,我们在现场提供了沙包、篮球等材料,幼儿能够自主地选择运动材料来落实自己的想法。有的幼儿一边拍球一边绕过跨栏,有的夹着沙包跳跃跨栏。

(三) 运动后的倾听想法、及时反思

(1) 交流分享——个体经验转化为集体经验

有效的交流分享可以让更多的孩子参与到运动中来,于是,在第一次运动结束之后,基于对班中幼儿都能够拍球的经验,我对孩子们的创意玩法进行了分享,将个体经验转化为集体经验,丰富班中幼儿玩跨栏的经验,玩出新花样。

（2）自我评价——我的运动故事

幼儿的想法能够真实地反映出课程实施的情况，有效的倾听能够了解孩子们的真实想法，能够帮助老师把握课程实施的质量，通过一对一倾听、我的运动故事等形式，我们对尝试新玩法的幼儿进行了采访和询问，孩子们的回应是："我觉得我很厉害。我在家里拍球以前会碰到东西，我现在在幼儿园里就没有碰到东西了！""我觉得这样玩很刺激，玩石头剪刀布的游戏像一场比赛。""我下次还想这样玩！"孩子们的回应让教师们欣喜。

（撰稿者：上海市嘉定新城实验幼儿园　张枫雯）

课程智慧　4-12　基于"一对一倾听"的幼儿骑行运动的改变

一、第一次改变：合并快慢车道

【观察】

车类运动是幼儿喜欢的运动，幼儿在车类运动中往往都玩得很开心。但是在选择车辆时，幼儿都会冲上前去争抢扭扭车，稍慢的幼儿会选择平衡车、剪刀车。选择三轮车的幼儿则较少，有时阿姨会将消耗体力较多的三轮车分给几位运动量较小的幼儿。这次逸逸跑得有点慢，没有"抢"到心爱的扭扭车，他急得在原地快要哭出了声。但是，场地上的孩子没有人愿意与他交换，最终他骑上了剩下的三轮车。我观察到骑上三轮车的逸逸和慢车区的其他幼儿一样在车道上来回绕圈，缺少快乐的表情。相较于快车区飞驰的小小车手们，慢车区的幼儿看上去缺乏运动激情。

幼儿运动量直观观察指标

平均室外温度	幼儿穿着参考	幼儿生理表现	运动量表现		
			低强度运动	中等强度运动	高强度运动
15℃—25℃	长裤1件(无加绒长裤),上衣1—2件(短袖或长袖无加绒＋无加绒外套)	① 皮肤出汗量	额头出汗,后背出汗	额头大汗后背汗透	额头冒汗,前胸后背全汗透
		② 呼吸节奏	节奏均匀	节奏稍快	节奏较快
		③ 面部表情	面色正常	面色红润	面色通红
		④ 动作肢体表现	动作幅度小,节奏慢,低冲击力动作为主	动作幅度正常,节奏稍快,低高冲击力结合动作为主	动作幅度大,节奏较快,高冲击力动作为主
		⑤ 运动品质表现(个人)	兴趣低,意志力弱,持续运动时间短,不敢挑战	兴趣较高,意志力较强,持续运动时间较长,敢于挑战一般难度;有较强耐热能力	兴趣浓厚,意志力顽强,持续运动时间长,敢于挑战较高难度;有较强耐热能力

通过观察,参考上表得出:(1)从运动量角度,快车区幼儿的出汗量高于慢车区幼儿,快车区幼儿出汗时间快于慢车区幼儿。(2)从幼儿兴趣,快车区幼儿运动激情以及骑行速度都高于慢车区幼儿。快车区幼儿不仅仅满足于简单的骑行,他们热衷于挑战自我,时常迸发冲刺的激情,勇于超越前方小伙伴,甚至主动探寻多样化的行进路径,增添了骑行的趣味与竞技性。

【一对一倾听】

幼儿自己又是如何理解的?是否与我的分析相一致。为此,我通过谈话与幼儿进行对话,从儿童视角了解他们对于骑车的想法与意见。

师："你们对于今天的运动有什么想要和大家分享或者需要大家帮助的吗？"

天天："今天我骑了四圈三轮车，出了很多汗，然后我就去换了扭扭车和剪刀车玩，我觉得很开心。"

朗朗："我的扭扭车非常快，可以超过很多人，很刺激。"

逸逸："我想玩扭扭车，但是今天都被其他小朋友抢完了。"

师："扭扭车都被骑走了，那大家帮逸逸想想怎么办呢？"

曦曦："可以先骑三轮车，等别人玩一会儿，和别人换。"

逸逸："可是我只想玩扭扭车。"

师："为什么你只想玩扭扭车呢？"

逸逸："因为好玩。"

来来："其实三轮车和好朋友一起玩也很开心，好朋友坐在后面还可以帮助我加速。我们可以一起发现不同的玩法。"

大文："可是年年一直坐在我的后面，不肯跟我换。"

小布丁："如果一直坐在后面就不会出汗，就没有运动量了。"

师："是的，两个人进行交换，才都能有运动有休息。"

以上对话，让我进一步了解了幼儿的想法与需求。

【解读与分析】

1. 幼儿对速度的偏好与需求

车类区域的目标在于积累玩不同类型车的经验，发展协调、灵敏、平衡等身体素质，增强幼儿的力量及爆发力。在运动前因为选择车辆带来的小小争抢，通过观察我发现幼儿在车类活动中表现出对速度的显著偏好，他们享受快速骑行带来的刺激体验。这种倾向不仅符合儿童天生的好奇心与冒险精神，也是其身心发展中冒险精神与对挑战渴望的体现。因此运动环境安全的同时，也可以尝试满足幼儿对速度的探索与体验。

2. 运动中设计的多样性与平衡性

每个幼儿在运动中的能力与需求是不同的。幼儿间的个体差异,要求活动环境既要有多样性,也要注重平衡。通过提供不同类型的车辆和设立多变的赛道,可以有效满足不同能力和兴趣的孩子,同时也能引导他们在游戏中学会选择与适应,促进社会交往能力和决策能力的发挥。

3. 运动后的反思与创新

从集体谈话活动中,我发现像来来、小布丁等几名幼儿在运动中有着自己的想法与思考。他们对于自己的运动量有着一定的要求,在运动中有自己的想法。教师可以尝试后退,鼓励幼儿自主创设运动环境,以多样的玩法满足幼儿的需求、激发幼儿的兴趣,让每个孩子都能在运动中找到快乐和成就感。

【思考与支持】

1. 尊重幼儿选择和决定的权利

我们在班级中进行了一次快慢车速的投票。通过投票,我们发现84.6%的幼儿喜欢快车道运动,剩余4名幼儿因为安全、身体发育等因素选择了喜欢慢车道。

	喜 欢 快 车	喜欢慢车
幼儿学号	3、4、5、6、7、8、9、10、11、12、13、14、15、16、17、18、19、21、22、23、24、25	1、2、20、26
人数	22	4

2. 基于课程目标的教师思考

中班下学期要求幼儿在运动过程中产生中高强度的运动量,

即动作幅度较大,节奏稍快,低高冲击力结合动作为主。这与孩子们的自主选择和决定不谋而合。

3. 师幼共同行动

(1)尝试合并快慢车道,丰富骑行路线。快慢车手相互竞技,产生多样化的骑行行为,增强慢车幼儿骑行兴趣。

(2)冲刺路段,通过提高幼儿冲刺时的心率增加幼儿的运动强度。

【幼儿变化】

这次小小的改变,缓和了幼儿争抢扭扭车的情况。幼儿自主选择心仪车辆,还主动与小朋友商量,共同享受双人车与三轮车的交替骑行乐趣,展现了良好的沟通与协作能力。在运动中,慢车幼儿也开始尝试超越快车幼儿,出现了超车、冲刺等更多选择。这一变化促使全体幼儿的骑行速度普遍增快,运动强度随之增加,进而激发了他们更高的运动热情与参与度。

二、第二次改变：创设迷宫赛道

【观察与倾听】

嘉嘉："我今天设计的是扭扭车迷宫,扭扭车可以从这里的迷宫这样穿过去。"

师："还有吗？那这些是什么？"

嘉嘉："这个是凳子、这个是将军帽。他可以慢慢从这里绕过来。"

师："哦,好的。那如果是一个像迷宫一样的赛道是不是要有出口和入口。"

嘉嘉："是。这里我想用上次那个门挂起来。"（制造一个出入口）

师:"好的,那你是有这样的想法,但是现在没有画出来,你可以去把它补充完整,好吗?"

嘉嘉:"嗯。"

从嘉嘉的运动日记中,我们可以看到迷宫赛道只是一个想法,她对于具体的环境设计是没有规划的。

【思考与支持】

玩迷宫赛道是幼儿感兴趣的、和幼儿经验息息相关的活动。它指向幼儿的全面发展,比如规则意识、安全意识、有初步的计划并且合作完成。运动中的规则与环境创设让他们的骑行变得更加有趣,每天能够通过不一样的线路进行骑行,这也是促使他们对骑行保持兴趣的原因。

其次,令我欣喜的是,幼儿迷宫中的弯曲赛道要求幼儿在行进过程中不断调整方向和速度,这种快速决策和反应的过程能够有效锻炼他们的身体灵活性和运动灵敏度。这与教师在 S 形弯道创设的运动发展价值不谋而合。

基于此,我进行了以下支持。

1. 以幼儿为主导的环境创设。从刚开始的教师创设逐步过渡到幼儿主动参与环境创设。幼儿不仅在运动日记中创设创意的迷宫赛道,还能与同伴积极协作,共同打造迷宫赛道。在此过程中,教师则适时后撤至观察者的角色,放手让幼儿实践与探索。

2. 提供多样化的环境创设材料。从一开始嘉嘉在日记中出现迷宫赛道这个想法,幼儿主动运用小矮凳进行创设,到后来会结合将军帽、栏杆进行设置,幼儿逐渐能够将计划上的迷宫赛道一一实现在门厅。

3. 及时调整。在初次创设迷宫赛道的过程中,根据视频记录我们耗时约 20 分钟。此后,通过教师与幼儿小组间的深入讨论、明确分工及周密规划,我们筛选出更加合适的材料以提升准备效率。随着一次次的调整,幼儿在环境创设上的合作越发默契且高效。他们通过前期计划与相互协商,缩短了环境创设的时间,及时沟通创设过程中的问题,在运动日记中进行反思与调整,也为骑行运动留出了充裕的时间。

【幼儿变化】

幼儿在运动环境创设中开始使用多样化的材料,赛道的设计具有计划性与趣味性,与计划书的匹配度也较高。

三、我的思考

1. 倾听幼儿帮助教师在运动中因材施教

倾听帮助教师理解幼儿个体差异与需求。在运动中,它能够让教师捕捉到每位幼儿的独特性,了解幼儿的运动偏好、体力承受程度或是面对挑战时的不同反应。我认为倾听不仅是一种教育策略,也是我们站在儿童视角上看问题的方式。在以往的教育理念中,我们观察即所得,教师以成人的视角为幼儿进行解读、提供帮助。通过持续地倾听反馈,幼儿能够感受到被重视和理解,教师也可以灵活调整运动内容与强度。这能增强师生间的情感链接,营造一个更加包容和支持的运动环境。

2. 运动兴趣积极促进幼儿运动能力全面发展

观察中发现,从小班起,幼儿就很喜欢骑车。对于我们班的幼儿来说探索与创造器械的多种玩法、与同伴共同创设创意的运动环境是他们保持骑行兴趣的重要因素。在与同伴的共骑中模仿、学习身体协调、保持平衡等运动技巧;在与同伴竞速中增强四肢肌肉力量、促进骨骼健康发展。当然,运动能力的增强也有可能是以更多的形式体现在平时的运动生活中,如:长时站立、连续跳,以及各种自发的平衡游戏中,更有可能是以一种整合的形式出现。

3. 自主探索激发潜能,勇于尝试培养运动精神

在组织运动活动中,巧妙地平衡教师的引导作用与幼儿的主体地位也是非常重要的。教师应当深刻理解运动活动对于幼儿身心发展的重要意义,在运动中识别幼儿的自我意识和创造性思维,给予幼儿适时、恰当的鼓励。同时支持幼儿在运动中尝试新奇的想法。大胆的尝试会为幼儿坚持不懈、勇于挑战的运动精神埋下一颗小小的种子。

(撰稿者:上海市嘉定新城实验幼儿园 丁文嘉)

课程智慧 4-13 我"慧"拍球

球是幼儿喜欢的运动器材之一。在运动中,幼儿总是抢着玩球。幼儿在玩球中不断尝试、探索,从"爱玩"到"会玩",从"会玩"到"慧玩",他们在自我创造中不断发展。

一、铺设小路——拍球初尝试

【观察实录】

运动时间,老师和幼儿一起在校园南面山坡与曲棍球场之间用平衡板、路障、积木、呼啦圈组成了一条长长的拍球小路。

刚开始时,有六七名幼儿拿着球在起点处排队,等待着挑战这条小路,大家基本都能够顺利通过,玩了两三次之后,有两名幼儿离开了;又过了 5 分钟,继续拍球的幼儿寥寥无几;20 分钟之后,有的幼儿坐在皮球上聊天,有的幼儿把球放回球筐离开了,有

的幼儿会找到老师说"这也太简单了"。幼儿开始自己增加小路的难度,有的幼儿找来了几根平衡木,变成了一条长长的小路;有的幼儿减小路障之间距离,或者增加呼啦圈的数量,更换成小小的呼啦圈。但是没过多久,孩子们又说"不好玩,我不想玩了"。

其中有一名幼儿心心,她在拍球绕过路障时,皮球总是会偏移;在积木上拍球时,球越拍越低,最后皮球就滚走了。然而,其他几名幼儿觉得这条道路太简单而增加难度时,她在一旁看着,但是她性格比较害羞又不善于表达,她在同伴们新创设的道路上尝试几次后,一直没能成功,她便离开了拍球的场地。

【分析解读】

1. 道路设计的单一性和重复性。初设的道路包含了一些基本的障碍物,我们选择了四种材料,分别是平衡板、路障、积木、呼啦圈,将这四种材料平铺在地面上,连在一起形成一条拍球小路。随着时间的推移,幼儿即使将这些材料重新组合,但能够进行组合和排列的方式过于单一,缺乏新鲜感。

2. 兴趣的缺失。幼儿一次次地调整道路的难度,但是对于大部分幼儿来说都是轻易通过,不再具有挑战性,幼儿从中获得的成就感随之减少。而对于拍球能力较弱的幼儿来说,在尝试增加难度时频繁失败,降低了该幼儿的自信心和满足感,进而影响继续游戏的意愿。所以道路过于简单和难度太高,都使得幼儿对拍球失去了兴趣。

3. 幼儿能力的差异性。幼儿之间的拍球能力存在着差异性。有的幼儿已经掌握了拍球的方式方法与技巧,有的幼儿还需要教师的指导与练习。熟练掌握拍球技能的幼儿觉得创设的拍球小路过于简单,从而通过调整材料来增加难度。但对于拍球能力较弱的幼儿来说,小路的难度增加过大,超出了自己的能力范围,在经历了一次次的失败之后,产生了挫败感,从而离开了拍球的场地。

【回应与支持】

1. 增加材料的层次性与多样化

教师和幼儿一起寻找能够铺设小路的材料,我们找到了一些带有孔洞的锥形桶以及可以穿插在孔洞里的杆子,我和幼儿一起将两者组合起来,准备再建一条小路。我们在一起摆放的时候,优优将锥形桶和杆子的组合转弯放置,说"这样像走迷宫一样",于是我们就叫它迷宫小路。迷宫小路初步成型,幼儿对这条迷宫小路充满好奇,纷纷想来尝试。幼儿拍着球穿梭在迷宫之中,有时幼儿停下脚步看看需要往哪边转方向。在成功通过迷宫小路之后,孩子们会很开心地跟老师或者同伴分享成功的喜悦。

在球类运动场地上还有许多的篮筐,我观察到幼儿在投篮投中时非常开心,并且在投篮成功后再来一次,或者挑战更高的篮球筐。"我们是否可以将迷宫和投篮结合在一起呢?"于是我们增加了篮筐,设置在迷宫的出口处,成功走出迷宫之后可以投篮,让幼儿以此获得成就感、增加自信心。

2. 一对一指导拍球的正确方法

幼儿掌握了拍球的方法之后,才能更好地享受拍球活动带来的乐趣。首先,关注幼儿是否会拍球,拍球的姿势是否正确。我们在拍球时两脚左右分开,与肩同宽,保持身体平衡,双腿微微弯曲,这样有助于更好地控制身体重心,手指自然分开,不要过于紧张或僵硬,以便更好地控制球。然后屈肘将球置于胸前,这样有利于更好地控制拍球的力量和方向。在拍球时,需要用力拍打球的中间部位,使球能够弹起到一定的高度。刚开始可以将球拍起然后接住,拍球的力量要适中,既不过于用力也不过于轻柔,感受到了拍球的力量之后再尝试进行连续的拍球。在拍球时应保持专注,眼睛注视球的运动轨迹,以便及时调整自己的动作。

通过一对一指导,心心小朋友拍球的水平有了明显的提升,她微微弯下腰,用力拍打球的中心位置,当球发生一点偏移时,她会马上调整拍球的位置,控制球的方向,让球回到路线上。绕桩时,她眼睛注视球的运动轨迹,放慢动作,成功通过小路。

二、搭建迷宫——拍球再尝试

【观察实录】

运动时间到了,心心和——用积木和呼啦圈搭建了一条直直的小路,便开始在这条小路上拍球。另一边的孩子们准备搭建迷宫,可是在搭建的过程当中,出现了很多的分歧,大家对迷宫的路线有很大的异议,优优觉得路线该要转弯了,诺诺则不同意。在双方僵持不下的时候,教师参与到了迷宫搭建当中,和孩子们一起搭建完了迷宫,等我们一起搭建完迷宫,大约用了十分钟的时间。

迷宫初见雏形之后,孩子们在迷宫里穿梭拍球,玩了几次之后,便在迷宫里铺上了呼啦圈、平衡木、路障杆子的组合(幼儿尝试一边拍球,一边跨过杆子)。在迷宫小路中,孩子们拍球总是会突然偏移出去,有的孩子失败几次之后就抱着球去了其他场地或坐在旁边休息。有的孩子捡好球之后回来继续尝试,几次失败之后,优优说"我总是拍到呼啦圈的边上,球一直飞走"。于是,她在经过呼啦圈障碍的时候,放慢速度,俯下身体,慢慢地拍球向前,一边拍一边时不时地抬头看看前面的路。尝试几次之后,终于来到了终点,成功将球投进篮筐。

【分析解读】

1. 幼儿缺乏建构迷宫的经验

在搭建迷宫的过程中,孩子们对于迷宫的路线存在较大的意见分歧,这反映了他们并没有共同计划过迷宫的路线,设计迷宫路线的想法没有达成一致。这也导致他们在搭建过程中不断修改和调整,从而花费了许多时间。由于孩子们对迷宫没有丰富的经验,也没有共同的计划,他们无法清晰地表达自己的想法或理解同伴的想法,不清楚自己应该负责什么部分,或者如何与同伴合作,从而使得搭建迷宫的过程非常困难。

2. 问题解决能力的差异性

优优在拍球失败几次后,选择继续尝试,并调整策略以克服困难。她表现出坚韧不拔、勇于挑战的精神,愿意通过不断努力来达成目标。相反,有些孩子在失败几次后选择放弃,抱着球去其他场地或坐在旁边休息。这反映出他们可能更容易受到挫折的影响,或者对当前的挑战缺乏足够的兴趣和动力。

优优说"我总是拍到呼啦圈的边上,球一直飞走",在意识到问题后,通过一次次尝试,找到了问题所在,并且主动调整了自己的拍球方式。她放慢速度、俯下身体,并时不时地抬头看路,以确保更好地控制球并避免碰撞。这种自我反思和调整能力是她能够最终成功的重要因素。相比之下,那些没有成功调整策略的孩子可能缺乏这种自我反思和调整的能力,或者他们可能没有找到适合自己的方法来解决问题。

【回应与支持】

1. 丰富经验及共同规划

首先,幼儿对迷宫的构造有些陌生。我们可以通过图片或视频向孩子们介绍迷宫的基本元素,例如入口、出口、通道、分支和岔路口等,增加他们对迷宫的理解和经验。然后通过一些平面的迷宫游戏,让幼儿尝试用笔或手指沿着路径走出迷宫。再提供实体迷宫玩具,如塑料迷宫板或纸板迷宫,让幼儿亲手操作,进一步体验迷宫的构造和走法。在熟悉了迷宫的构造之后,再尝试和小组同伴一起设计迷宫计划书。在设计计划书的时候,孩子们共同讨论和计划迷宫的路线,让孩子们画出他们想象中的迷宫路线,并鼓励他们分享自己的想法。在计划的过程当中,孩子们可以表达自己的想法和意见,并鼓励他们倾听同伴的想法。共同完成计划书之后,还可以进行分工,比如有人负责把锥形桶和杆子组合起来,有人负责搭建迷宫路线,有人负责摆放迷宫中间的障碍等,这样可以增强孩子们的责任感和参与度。

2. 识别差异并制定策略

在迷宫搭建过程中,孩子们对路线有不同的看法,这反映了他们不同的思维方式和问题解决策略。有的孩子可能更倾向于直接和快速,而有的孩子则更考虑全面性和复杂性。面对拍球失败时,有的孩子选择放弃或转移活动,而有的孩子则坚持尝试并调整策略。成功的孩子在多次失败后,开始调整自己的拍球方式,如放慢速度、俯下身体等,说明她具有反思和调整学习策略的能力。

幼儿在失败之后表现出沮丧或挫败感,教师应及时给予鼓励和支持,帮助他们建立积极的情绪调控机制。没能成功的幼儿在一旁休息时,教师可以给予鼓励,让幼儿增添信心,幼儿在积极的情绪中,才能够保持冷静,继续尝试寻找解决方案。尝试引导幼儿在一旁观察其他幼儿拍球的方式是怎么样的,幼儿之间可以分享成功的小秘诀。

陈鹤琴先生指出:"儿童的世界,是儿童自己去探索、去发现的,他自己所求来的知识才是真知识,他自己所发现的世界,才是他的真世界。"幼儿的创造性离不开教师的"放手"。在刚开始进入球类区运动时,大多是由教师来布置场地环境,将材料摆放好,路线铺设好。幼儿只需要拿好球之后开始在教师所创设的环境中运动。教师大胆放手,将权利交还给幼儿。幼儿不仅能够享受拍球的乐趣,还能够主动探究、解决问题,在运动中丰富自身经验,发挥能力。

(撰稿者:上海市嘉定新城实验幼儿园 葛云依)

第五章

"我的课程"之衡

　　"我的课程"评价呈现以下特点：一是注重情境的真实性，二是关注发展的过程性，三是着眼改进的形成性，四是主体参与的多元性，五是策略巧用的增值性。真实性评价包括自然状态下的观察与记录、成长档案袋等多种形式；形成性评价为基于幼儿不同需求设计差异教学提供依据；增值性评价从幼儿日常发展状况的分析，发现幼儿的发展与变化。

教育评价有诸多评价模式和方法，比如，目标达成评价模式是在泰勒"评价原理"基础上形成的，是以目标为中心而开展的。目标达成评价模式主要关注点是课程预设目标和课程实施结果之间的契合程度，明确强调评价要从目标入手，有一定的借鉴意义。比如，CIPP 评价模式包括背景（context）、输入（input）、过程（process）、成果评价（product），既有过程评价也有结果评价，拓展了评价局限于目标达成程度的定义，更强调评价要为后续决策提供有用信息和资料，让决策者自己分析并形成判定。CIPP 评价模式是课程评价中使用范围较广的一种评价模式。比如，人本主义取向的描述评价模式注重评价者亲临教育现场，通过教育现场环境观察、儿童表现等，在进行描述的基础上进行记录、说明和解释。这对学前教育阶段的评价有一定的启示。各种评价模式在评价理念和操作方式上都有所不同，因此，也有不同的运用场景，为我们提供了参考和价值判断。

评价是每个时代各种类型及层次的教育改革的终极方案，它直接影响学校办学行为、教师教育行为和学生学习行为，并在一定程度上重塑一个时代的教育生态。

从结果评价到过程评价，侧重评价对教育过程的诊断和改进功能，关注教育过程的动态发展；从终结性评价到增值性评价，关注儿童进步的幅度，其核心是人的可持续发展，即每个人都能获得进步与发展；从传统纸笔测验到表现性评价，关注儿童在真实情境中运用已有知识做事的能力以及完成任务的过程表现，将幼儿视为能动的主体，鼓励其主动学习和合作学习；从横向评价到纵向评价，关注每一个儿童在原有水平上的发展，体现教育过程性公平和内涵式发展的理念；不仅要"纵向"，还要"全过程纵向"评价，关注儿童德智体美劳的全面发展，指向面向未来社会的学习者的能力发展和社会责任；从知识技能的评价到核心素养的评价，从关注儿童低阶思维的发展到注重儿童高阶思维的发展；从成人作为评价主体到评价主体的多元化，在自我评价、同伴评价与反馈中凸显儿童的权利并建构元认知策略。

"我的课程"在评价上有以下特点：一是注重情境的真实性，二是关注发展的过程性,三是着眼改进的形成性,四是主体参与的多元性,五是策略巧用的增值性。接下来,我们将从"基于儿童经历的真实性评价""支持差异发展的形成性评价""看见成长轨迹的增值性评价"几部分阐述"我的课程"实施中的评价。

| 第一节 |
基于儿童经历的真实性评价

《3—6岁儿童学习与发展指南》指出,幼儿的学习就是幼儿通过自己特有的方式与周围环境互动的过程。学龄前儿童的学习是以直接经验为基础的,在游戏和日常生活中进行的。评价方式的选择要基于儿童的特点,幼儿学习方式的特殊性决定了脱离情境与真实的标准化测验等评价方式不适用于幼儿。真实性评价为学龄前儿童的评价方式提供了新路向。

一、真实性评价的选择

真实性评价是在真实生活环境中对儿童的表现进行的评价,评价任务与学习与发展过程中有意义的、有价值的重要经历有关系。真实性评价侧重于直接考察儿童的实际表现,因此也可将其称为表现性评价,即依据儿童在真实或有意义的任务与活动情境中的实际表现来评价他们对周围事物或关系的认识与理解。正如《幼儿园教育指导纲要》中所言,对幼儿发展状况的评估,要注意在日常活动与教育教学过程中采用自然的方法进行。

真实性评价,强调要基于幼儿学习与发展发生的情景中进行评价,只有幼儿熟悉的、与幼儿生活紧密联系的幼儿园或家庭场景,才能看见幼儿最真实的表现;真实性评价强调在真实情景中,一段时间内持续不断地对幼儿自然状态下的整体表现进行多次的信息收集;真实性评价启示我们避免教师单一主体的评价,而是要教师、家长和幼儿自身等多元主体的共同参与。

二、真实性评价的实践

在"我的课程"中,真实性评价包括自然状态下的观察与记录、成长档案袋、情境任务等多种形式。

(一) 自然状态下的观察与记录

了解全体幼儿的发展水平是评价不可回避的目的。基于幼儿的学习方式的独特性,我园采用真实性评价的形式,以"自然状态下的观察与记录"了解全体幼儿发展水平,开展过程性评价。

首先,我园更新教师评价理念,转变"评价就是打分、定级"的原有观念,确立"真实性评价"为主的评价形式,形成"自然状态""幼儿熟悉的情境""记录幼儿发展情况""持续观察与记录"等开展评价的关键要素。

其次,我园依据《3—6 岁儿童学习与发展指南》《幼儿园保育教育质量评估指南》《上海市学前教育课程指南》《上海市幼儿园办园质量评价指南》等研发幼儿行为观察表、家园双向观察表等适用不同主体的过程性观察工具 100 多个,以数据记录幼儿真实表现,为教师看见幼儿、基于幼儿开展一日活动提供实证依据。(见表 5-1)

表 5-1　儿童发展行为观察表(语言与交流——前阅读能力)

班　　级		观察者	
观察情景:阅读角、阅读时间		观察目的:了解幼儿在阅读时的行为表现	
观察与记录:(1) 观察方式:一段时期内持续观察;(2) 记录方式:表现行为 1—5; 　　　　　　(3) 如需要,可对某一幼儿多次观察,并记录该幼儿的行为表现。			

（续表）

		喜欢听故事、看图书			具有初步阅读理解能力		阅读内容的表达
幼儿	表现	表现水平1：能主动要求成人给自己讲故事、读图书。 如，自由阅读时间或午睡前，主动挑选图书请老师帮忙朗读。 表现水平3：会反复翻阅自己喜欢的图书。 如，自由阅读时积极主动地翻阅自己曾经阅读过的书，翻阅时能熟练地从前往后一页一页地看。 表现水平5：能专注地读图书，不受外界干扰。 如，自由阅读时间不受身边伙伴的打扰，认真观察图画书的画面和文字信息，保持较长时间专注地阅读。			表现水平1：能听懂短小的儿歌或故事所表达的主要内容；能通过观察画面说出所表达的内容和事件。 如，能说出故事基本要素：谁、做了什么。 表现水平3：能通过观察图书的连续画面，或在倾听后，大致说出所讲故事的主要内容，并体会所表达的情绪、情感。 如，能观察画面中主角或主要人物的语言、行为、表情等，并能基本概述故事的主要内容：都有谁、在哪里、发生了什么事情、结果怎样。 表现水平5：能说出所阅读文学作品的主要内容。		表现水平1：喜欢倾听、跟读。 表现水平3：喜欢向别人讲述自己听过的故事或看过的图书。 如，自由阅读时间拿着书本向伙伴介绍，介绍中能较为连贯地叙述该书的主要情节，能较多地使用图画书中的语句。 表现水平5：乐意与他人交流图书和故事中的有关内容；并能对故事进行创编或续编。 如，自由阅读时间与伙伴交谈，内容指向图画书内容的叙述。叙述较为完整、清晰，并可能对书中人物特征进行评价、对图画书的主旨和含义进行初步思考，并说明理由。
1							
……							
重点关注							
两周后表现							

再次，工具使用。以全日观察、跟踪观察等方式进行常态化观察，结合幼儿自我评价、主动表达内容，及时调整一日活动支持内容与策略。

（二）成长档案袋

成长档案袋是收集幼儿成长过程中具有典型代表的学习成果，记录幼儿的成长过程。"典型代表"既包含幼儿取得的进步或成就、显示幼儿发展的进度和表现,也包括幼儿发展过程中真实的水平以及需要提升的空间;典型代表的判断依据一般为国家关于儿童学习与发展的指南文件或儿童发展的规律、年龄特点等,比如《3—6岁儿童学习与发展指南》《幼儿园保育教育质量评估指南》《上海市幼儿园办园质量评价指南》等。"学习成果"包括儿童表达表现的各种形态,是"儿童的一百种语言"。此外,成长档案袋中"学习成果"的收集主体不仅是教师,也是家长,所以成长档案袋也是家长与教师交流的一种渠道。

使用成长档案袋开展评估时,教师和家长可以通过收集到的学习成果来记录幼儿的学习与发展进程,识别幼儿的需求和优势,提供幼儿成长与发展的证据,以及查找需要进步的空间。

成长档案袋的幼儿学习与发展证据的选择,一般依据《3—6岁儿童学习与发展指南》中对儿童学习与发展的领域分类,从幼儿身心健康、语言领域、社会领域、科学领域、艺术领域、学习品质等幼儿综合素养发展方面进行收集,并结合我园"我的课程"培养目标对幼儿发展的解释,重点关注幼儿"爱生活、有主张、喜探究、愿交往"等领域的发展。成长档案袋收集的信息的主要形式有:(1)儿童的绘画作品;(2)建构或游戏照片;(3)儿童在个别化学习活动中的符号表征;(4)儿童生活能力或运动发展水平的记录;(5)一段会话、口头表达、幼儿日记等。

(三) 情境任务

每个学期一次对幼儿进行终结性发展评价,是对幼儿一学期发展情况进行总体的了解与评估,是教师后一学期班级计划制订、幼儿个体支持计划制订的依据。基于真实性评价的理念,我园采用"情境任务"的方式对幼儿进行终结性发展评价。

不同于传统测试等评价方式有标准答案、主要考察幼儿的知识与记忆等,情境任务主要涉及幼儿在特定情境中解决现实生活问题的能力、运用已有知识的解决新问题的迁移能力等,考察幼儿多元解决问题能力,与"自然状态下的观察与记录"等过程性评价互补。通过情境任务,进一步了解幼儿的天赋与能力,促使幼儿所学的知识通过与真实生活联系起来而得到巩固,激发幼儿思维,促进同伴之间的协作。

中班情境任务及观察指标

情境任务:这里有很多的圆点(大红小红、大黄小黄),让我们为他们有规律地排排队。一起来试一试吧。你的圆点宝宝怎样排队呢?(结束后)今天圆点和我们做了好玩的排排队游戏,现在请你们将圆点送回白框中。

序号	评 价 标 准	表现水平 3
1	具有文明的言行举止。	在提醒下能使用"你好"等合适的礼貌用语。
2	愿意用语言进行交流。	能大方地在集体面前谈论自己感兴趣的话题。
3	感知形状与空间关系。	能根据圆点的大小、颜色进行有规律的排列。
4	愿意用语言进行交流。	能大方地在集体面前说话。
5	倾听习惯良好。	1. 是否能注意倾听。 2. 能否不重复别人的观点。
6	具有基本的生活自理能力。	具有基本的生活自理能力,将桌面整理干净,圆点朋友送回家,起身后将椅子推入。

在真实性评价的实践中,"我的课程"探索并形成多元评价主体参与的评价路径。一是教师的观察与评价(如上所述)。二是家长的观察与记录。《上海市幼儿园办园质量评价指南》中提出,通过幼儿园、家庭等多途径收集幼儿发展信息,作为评价的依据。我园重视家园作为多元评价主体的职责,同时,研发《家园双向观察表》(表5-2)让家长的评价主体有形落地。《家园双向观察表》与《教师观察表》在内容上大致保持一致,实现评价内容家园互通、家园互鉴。例如,表5-2中"阅

读习惯""理解能力"是前阅读能力的子内容之一,"幼儿表现行为"指向幼儿家庭生活情境中具体的行为表现,而"家园共育小贴士"则说明前阅读能力的意义、发展特点以及培养方法。在这样一份《家园双向观察表》中,既有理念的传递,又有将理念落地的具体操作,方便家长在日常观察中对幼儿行为进行较为准确的分析。三是幼儿主体的自我评价。自我评价是幼儿在开展任务的过程中进行自我反思、不断调整、重新建构的过程,属于元认知行为。自我评价有利于促进幼儿进行自我分析,进行创造性和批判性的思考。自我评价是一种终身技能,对于幼儿实现人生目标和学习目标都有很大帮助。《上海市学前教育课程指南》中提出:"5岁以后儿童自我意识的发展主要体现在自我评价的能力上。儿童的自我评价从依从性评价向独立性评价发展,……同时,儿童的自我评价开始从个别性评价向多面性评价发展。"我园拓展评价主体,尊重幼儿自我评价的权利,创设自我评价的环境,萌发幼儿自评意识。例如,在运动中,教师敏锐地感知幼儿自评的意愿,通过和幼儿共同讨论评价内容、设计评价图标,形成以幼儿为主的评价——我整理了、我有新玩法、我坚持了、我挑战了。幼儿将自我评价运用到每日的日记记录中,实现了幼儿无意识记录到基于自我评价的有意识计划的过程,不仅增强了幼儿的自我意识和反思能力,也增强了幼儿的任务意识和计划能力。

表 5-2　家园双向观察表(语言与交流——前阅读能力)

班级		幼儿		观察时间		观察者	
观察情景:一日生活中							
观察目的:观察孩子阅读习惯、理解能力。							
内容				行为	总是	很少	情况描述
阅读习惯	(1)知道图书的书名。						
	(2)能够按照阅读规则(从前往后、一页一页翻阅等)翻阅图书。						

（续表）

内容		行为	总是	很少	情况描述
阅读习惯	（3）经常自己、或和大人一起翻阅图书,能专注地阅读。				
	（4）阅读后能够自己整理图书。				
理解能力	（1）能够观察画面中主角或主要人物的语言、行为、表情等。				
	（2）能够将前后串联起来理解图书的内容。				
	（3）阅读完一本书后,会表达自己是否喜欢,并简单说明原因。				

观察小贴士:

根据孩子的表现行为在合适的单元格内打"√",为后续指导提供依据,如果您对孩子的行为表现有更具体的描述,可以填写在"情况描述"一栏中。

家园共育小贴士:

阅读可以发挥幼儿的记忆、语言、思维、想象等方面的能力,同时优秀的图书也为幼儿情绪和社会性发展提供了观察学习的途径。

1. 从小营造家庭共同阅读的氛围。即,父母和孩子一起阅读,小年龄可以亲子共读,大年龄可以一起各读各的书。

2. 将图书作为送给幼儿礼物的选择项,可以让孩子自己选择喜欢的图书,创设珍视图书的环境。

3. 亲子阅读的方法:（1）一字一句忠于原文的阅读,即从封面到内容,家长不加任何解释地阅读。（2）请幼儿自己复述故事,注重故事要素:谁、哪里、发生了什么。（3）提问要少,不要每页都提问,避免提问破坏孩子对完整故事阅读的兴趣。

课程智慧 5-1 "滑草"的探索之旅

——在持续观察中发现儿童、支持儿童

在幼儿园里,有着一座座的小山坡,还有很多低结构的材料,比如：坦克车、滑雪板、雪橇、木梯、木板、轮胎等材料。户外活动时间，孩子们都会自主、自发地利用这些材料进行游戏。今天，小A建议几个小伙伴一起玩"滑草"的游戏，他们将坦克车搬到山坡上，开始了"滑草"的探索之旅。

作为教师，我先通过观察去解读他们的游戏，接着深入了解他们行为背后的原因，之后再为幼儿的需求提供支持，从而引导他们进一步探索。

观察实录一："滑草"之乐趣

小A："快看，我可以站在坦克车上面从高高的山坡上滑下来啦！"只见小A侧着身子双脚站在坦克车上面，时刻准备着出发。她身体往前倾，前脚踩住坦克车，后面的脚稍稍抬起，坦克车就顺着斜坡慢慢地滑了下来。旁边的几个小朋友也学着玩了起来！

小B："老师，我们可以两个人坐着一起玩'滑草'！"只见小B坐在前面，双脚踩在坦克车上，两手分别抓住坦克车的两边，小C则坐在后面，两脚张开，两手搭在小B的肩膀上，小D则弯着腰，双手拉着坦克车，把他们从山坡上拉了下来，欢笑声不绝于耳。

【分析解读】

1. 第一次玩"滑草"，幼儿能想出用不同的玩法从山坡上滑下来，他们不断地尝试，这一过程中充满了他们的欢笑声，我感受到了他们对"滑草"的喜爱。但他们对"滑草"速度与地面光滑度，以及斜坡的坡度之间的关系没有充分感知和体验。

2. 利用坦克车在斜坡上玩"滑草"，这样的游戏缺乏一定的挑战性，时间一长，就会让孩子缺乏新鲜感，热度一过，可能就会缺乏兴趣。

3. 根据大班幼儿的年龄特点，他们喜欢具有挑战性的活动，但这些孩子只利用坦克车玩"滑草",材料过于单一,缺少与其他材料的互动,而且山坡的坡度不够,坦克车下滑的速度过于缓慢,速度不够。

观察实录二:"滑草"之刺激

几名幼儿兴奋地搬来了梯子和木板,先将几块木板架在了两个梯子上,形成了一个平台,作为"滑草"的起点,再用其他木板架在梯子上靠拢,形成一个斜坡,接着用一些木板往下紧密连接,形成一条长长的"滑草"的木板路,这条木板路一直延伸到了塑胶场地上。

小E一马当先,拿起坦克车来到了"滑草"的起点处,纵身一跃就趴在了坦克车上,只见她慢慢挪动坦克车,让它一点点地向斜坡移动,坦克车慢慢地移出了平台,当坦克车的大部分露出来后,说时迟那时快,坦克车猛地一下向斜坡下冲去,小E紧闭嘴巴,同时双手紧紧地抓住了坦克车的两边,直到坦克车冲到了坡底,小E昂起了头,露出了开心的笑容,大家都争先恐后地去排队。

小F是一个男孩子,他没有像小E一样趴在坦克车上来"滑草",他选择了在坦克车上站立滑行,在起点处,他站在坦克车上,学着小E的样子慢慢挪动坦克车,当坦克车冲下斜坡的那一刻,小F双手撑着,半蹲在了坦克车上,坦克车沿着木板路快速地下滑,一直滑到塑胶场地上。小F看着我说道:"太刺激了、太好玩了!"

【分析解读】

1. 游戏中孩子们是执着的、专注的、喜悦的,他们按自己的想法玩"滑草"时,那扬起的笑脸让我感到无比的欣慰。

163

2. 幼儿在游戏的过程中产生了合作，一起搬梯子和木板，一起搭建斜坡等。

3. 孩子们是智慧的，他们用梯子和木板组合搭建成了一条"滑草路"，使"滑草"变得更加好玩了。"滑草路"坡度越高，下滑的速度也越快，也越刺激，但刺激的同时也存在着一定的安全隐患。

观察实录三："滑草"之安全

幼儿在木板两端的四个角上分别放了两个叠起来的轮胎，他们还在木板的中间也放上轮胎，让木板在轮胎上穿行而过。孩子们又发现斜放的木板与平放的木板之间有空隙，他们就拿来了另外一块木板并将它垫在了斜放的木板下面，这样一来木板就放稳了，于是孩子们就兴致勃勃地玩了起来。

幼儿在玩的过程中使用了不同的工具从斜坡上滑下来，有滑雪板、有雪橇、有坦克车等；他们的玩法也不同，有坐在坦克车上面的、有站在坦克车上面的、有趴在坦克车上面的、有钻在坦克车里面的、有坐在滑雪板上的、有坐在雪橇里的，等等。

【分析与解读】

1. 经过上次的讨论后，孩子们积极地用其他的材料（轮胎）进行架高，选择适合自己高度的"滑草路"进行游戏，在保持刺激的前提下保证安全。

2. 在搭建"滑草路"的过程中，幼儿会一边搭建一边去检查搭建的"滑草路"是否安全。当他们发现斜放的木板与平放的木板之间有空隙时，就拿来了另外一块木板并将它垫在了斜放的木板下面，使木板保持平稳，玩之前还会认真检查，说明孩子们已经开始有了安全意识。

3. 积极地动手动脑,出现问题时,积极地思考其原因并解决问题。孩子们具有自我解决问题的能力,在一次次的调整中让滑草变得越来越好玩,越来越刺激,越来越安全。

(撰稿者:上海市嘉定新城实验幼儿园　李海霞)

第二节
支持差异发展的形成性评价

"我的课程"旨在实现每个生命的精彩,最大程度上促进每个幼儿的发展。如何基于幼儿学习与发展的实然状况,寻找每一个幼儿的最近发展区因材施教,是我们一直探索与追求的。因而,"我的课程"注重过程性评价,改变教育评价分等级、贴标签的窠臼,注重评价的诊断与改进功能,通过对幼儿的观察与分析,运用收集到的信息调整教育教学与支持策略,从而促进每个幼儿在自身基础上的不断发展。这也正是评价目的从遴选和问责向个性化诊断转变,以实现个体的不断进步。在日常教育教学过程中,评价的诊断性功能主要体现在开展形成性评价。

评价是对幼儿学习与发展能力或状态的一种判断。不同的评价目的,对评价所收集信息和数据的运用也不同。终结性评价是对幼儿能力、成就的水平或者课程效果进行判定,作为结果使用;形成性评价不是一个简单的工具,而是为了"促进学习行为产生",只有将收集到的信息运用到调整教学和学习上,才能贴上"形成性"的标签。进行形成性评价的决定性因素不是评价工具本身,而是如何利用通过评价所得到的信息。通过任务、表现、项目和调查所做的正式评价,以及通过对话、提问、观察进行的非正式评价,都可以作为形成性评价所需要收集的信息和证据的来源,为下一阶段的学习做准备。"我的课程"致力于幼儿不同需求的差异化教育,获得形成性评价数据是设计实施差异教学的关键。在教育实践中,形成以形成性评价设计实施差异化教育的路径。"'我的课程'支持幼儿差异发展的形成性评价的设计路径"包括四个步骤:第一,观察与评估;第二,收集信息与诊断;第三,预设差异化支持,即设计差异化活动或方案;第四,实施和新评估。(见图 5-1)

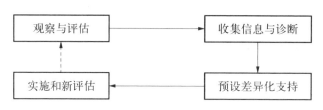

图 5-1 "我的课程"差异化教育的设计路径

一、基于目标的观察与评估

观察与评估包括两个动作,第一个是观察,第二个是评估。观察不仅是教师对幼儿动作、言语等外显行动的一种识别与描述,也是对幼儿心理行为特点的一种解释与分析。评估是教师基于一定的标准或指南对观察到的幼儿行为进行评判的过程。观察什么? 如何评估? 意味着是教师获取了什么样的幼儿发展信息,意味着对幼儿朝着什么样的发展方向的导向。教育本质上是社会文化活动,是立足于一定价值观基础上的活动,对幼儿的观察与评估同样带有一定立场和目的。故而,观察与评估是最基础、最重要的一步,这昭示着差异化教育设计的方向与内容。具体而言,基于目标的观察与评估包括两部分内容。(1)以幼儿园课程目标为基础,形成指向幼儿认知发展、各种能力、学习品质等基本素养为主的观察内容;(2)通过对每个幼儿某一领域发展持续一段时间的观察与记录,形成基于持续观察的、全班幼儿的观察与评估记录。

表 5-3 "我要上小学"幼儿先前经验兴趣的调查

幼儿	1. 马上要毕业了,你的心情是怎么样的?			2. 你准备好进入小学了吗?你做了哪些准备?			3. 你去过小学吗?		4. 你觉得幼儿园和小学有什么不同?			
	积极	中性	消极	学习用品	学习内容	学习习惯	去过	没去过	生活作息	教室环境	学习习惯	学习内容

表 5-4 "我要上小学"主题活动过程性评估记录表

核 心 经 验	第一次评估	第二次评估
"我的小书包": 1. 熟悉、了解如何爱护和正确地使用学习用品。 2. 逐步习惯独立整理和保管自己的用品。 **"小学生活与学习":** 初步了解小学生的学习和活动,向往当个小学生。 模拟小学生的生活,初步感受小学生的学习生活。 **"时间管理":** 1. 能够认识时钟,初步了解时间管理的方法。 2. 知道珍惜时间,做事有计划。 **"毕业时刻":** 体会我们已经长大,并以愉快的心情迎接毕业。	幼儿情况分析: 需持续关注幼儿:	幼儿情况分析: 需持续关注幼儿:

二、收集信息与诊断

收集信息与诊断的途径包括两个:第一个是教师的观察与评估,第二个是幼儿的自评与同伴的反馈。教师是收集信息、分析信息和根据信息采取行动的主体。教师既可以使用菜单式的观察表进行快速检核,也可以通过日常课堂讨论、小任务等全面观察获取全班幼儿的发展情况,也可以通过一段时间内追踪观察某个幼儿获取幼儿的发展情况。

教师通过收集以下方面的信息进行诊断:(1)哪些幼儿理解了本主题的目标,哪些还没有理解;(2)哪些幼儿需要在社会交往(或其他)领域得到额外的教师和家长支持;(3)每个幼儿的发展长项和需求是什么……幼儿的自评和同伴间的互评等也是收集信息的重要途径。幼儿通过自评和互评等描述性反馈表达自己的想法,呈现出自己的发展状态与发展需求,教师接收、识别、分析幼儿信息,并采取行动。

三、预设差异化支持

在前期观察、收集信息的基础上,教师预设差异化支持。"预设"是教师对前期的信息进行诊断处理的结果;是教师基于幼儿发展需求和发展状态,对比教育目标,寻找幼儿发展的空间和方法;是对幼儿最近发展区的一种判断。"差异化支持"是对教师作为的肯定,是对每个幼儿不同发展的尊重,包括多种形式:(1)主题活动实施中对教材实施的实然调整;(2)对环境材料的重新设置与投放;(3)针对幼儿某方面能力发挥的特定活动的设计;(4)分组活动中对幼儿的分组;(5)活动准备中的层次性与差异性;(6)对幼儿反应的准备;(7)教师与幼儿互动中的言语指导与支持……

表5-5 "我要上小学"差异性支持的设计与实施

关注对象		
	要素	支持方式(可选择)
差异化活动设计与实施	环境与资源	
	小组或个别化活动	
	师幼互动	
	与家长合作	

"预设差异化支持"是"我的课程"差异化教育的设计路径中最为关键的一个环节。教师差异化支持设计的有效性取决于以下因素：（1）教师对幼儿发展状态和发展需求的分析；（2）教师对课程目标的有效理解与灵活应用；（3）教师自身的风格；（4）教师的教育活动设计能力。

四、实施和新评估

作为差异化教育设计路径中的最后一个环节，"实施与新评估"不仅是这一轮设计的结束，也是下一轮设计的开始，是不断优化与调整中承上启下的一个步骤。实施过程需要教师有效的师幼互动，将上一环节中的设计有效执行。同时，实施过程也是再次观察、收集信息的一个过程，从而形成新的评估，并为下一轮做准备。

通过差异化教育的设计，转变教师课程执行者的角色意识，强调教育要基于幼儿的实然发展状态与发展需求，真正从儿童需求和兴趣出发，让课程真正从幼儿出发、促进幼儿发展，从而促进幼儿的学习与发展；同时，为教师课程设计提供可供参考的思考与实施路径。

课程智慧 5-2 大班"我是中国人"主题设计的优化

一、捕捉幼儿兴趣点，深入开展某个内容

原预设点：国庆大阅兵、礼花和五星红旗制作

现预设点：花车巡游

阅兵活动今年没有开展，因此有关国庆大阅兵的实际经验幼儿相对是缺少的，而不少的幼儿曾去过迪士尼，也在商场活动中感受过花车巡游的热闹场景。在观看了历年的国庆大阅兵精彩视频后，幼儿对花车方阵的到来发生了浓厚的兴趣。基于幼儿对

花车方阵的讨论,教师借机引导幼儿思考如何为祖国妈妈过生日,由此引入了预设"花车巡游",并且将艺术的表达表现融入到此项活动中。原来的礼花和五星红旗制作替换成了花车制作,相比而言,花车制作更能满足大班幼儿个性化内容的表达表现。

而幼儿对花车的经验是零星的、浅表的,如何让幼儿的经验支撑起一场花车巡游活动的开展,让我陷入了沉思。在实际的活动开展中,幼儿对花车的经验不足常常影响他们制作的进程,厘清概念、梳理经验是教师可以提供支持的地方。因此,设计高低结构活动势在必行。我们组织了一场又一场的谈话活动,借助调查表了解花车,和幼儿一起讨论花车的种类、花车的元素有哪些,再次回到小组中设计花车,再到个别化区角中进行花车制作,继而生成了一个又一个的问题,诸如:怎样让花车动起来?怎样装饰一部花车?怎样表现迷彩花车?如何制作双层花车?……

结合最近建构区新投放的乐高积木,幼儿可以在建构活动中继续搭建花车,满足更多的幼儿利用多种形式制作花车的需要。

分析与思考:

教师能够捕捉幼儿新的兴趣点,满足幼儿个性化的需求,在制作花车过程中将幼儿遇到的有价值的问题收集起来,组织如何让花车动起来、花车的元素有哪些等谈话活动、调查活动,充分尊重了幼儿的表达,体现了表现权。在制作花车的过程中,我们分组讨论、小组设计,不断解决问题又体现了幼儿的参与权、决策权。

二、依据幼儿实然发展需求,优化内容

原预设点:剪窗花

现预设点:剪纸

窗花才刚刚投放一周左右,幼儿对对折、挖大小长短不一的洞洞的兴致还是非常浓厚的。但时间一长,剪纸区域便无人问津。显然单一的剪窗花已然满足不了幼儿探索剪纸的乐趣。在"我自己"主题下幼儿有过探索光影的经验,故将光与剪纸的镂空艺术结合起来进行环境创设,在班级中以皮影的形式呈现剪纸作品,有趣、富有美感。

在平时的区角活动中,幼儿在剪纸方面缺少一定的技能和经验,因此老师组织幼儿开展艺术活动"创意剪纸",进一步引导幼儿充分利用对称、挖洞、目测剪、画线剪的方法表现周围的一切。有了方法的支撑,乐于参与剪纸的幼儿多了;有了有趣的环境呈现,乐于展示作品的幼儿也更多了。

分析与思考:

当幼儿的兴趣减弱、活动的热情消失时,教师能够根据幼儿的情况及时调整环境、材料。调整后的剪纸区域,幼儿可以剪的内容多样化了,剪好的作品也有了立体的展示空间,这充分尊重了幼儿的表达表现,体现了幼儿的参与权、选择权、表现权、决策权。

三、结合本土文化资源,生成新的内容

原预设点:京剧

现预设点:服装上的盘扣

京剧作为国粹,我班幼儿对此积累的经验其实并不多,并且可供幼儿表达表现的多样性也不多。而过新年,我们每一名幼儿都有过穿唐装、汉服来园活动的经历,我们抓住这一点,拉近了幼儿与中国传统服饰的距离。我们鼓励幼儿将自己的唐装、汉服带来,让大家一起欣赏,由此开展了以旗袍、唐装为主的服饰文化研究。--开始选择旗袍、汉服这个点,幼儿以水油分离、写生、创意绘画的形式进行艺术制作,体验感与活动的丰富性相对还是欠缺的。经过斟酌、讨论,重新确定了一个大家都感兴趣的点——盘扣,创设了盘扣欣赏博物馆环境,开展小调查"我了解的盘扣",并在谈话活动中说一说盘扣,画一画盘扣,感受中国多姿多彩的盘扣艺术,了解各种各样的盘扣所蕴含的内涵,继而在美工区画一画、做一做自己的盘扣。幼儿将自己喜欢的元素与古老的盘扣艺术结合起来进行创意设计,教师提供多样的材料让幼儿进行创意的表达表现。例如,幼儿可以将盘扣装饰到头箍上、胸针上、发夹上,送给自己、妈妈、女性长辈们。创意制作让传统艺术走入 10 后的视野,让文化瑰宝焕发出新的生命。

分析与思考:

幼儿通过调查、带来服装与同伴分享,体现了幼儿的参与权、表现权。在盘扣写生、"我的盘扣"设计活动中体现了幼儿的表现权、决策权。"我喜爱的盘扣"投票体现了幼儿的评价权。

四、关注长程幼小衔接,新增内容

新增预设点:有趣的象形文字

汉字是了不起的中国发明,也是中华文化源远流长得以世代相传的重要载体。因此,了解汉字的起源、知道汉字的发展对大班幼儿而言具有现实的意义。

我们结合集体活动"有趣的象形文字"激发幼儿了解象形文字的兴趣,并在语言区画一画、编一编象形文字故事中激发幼儿运用象形文字,感受象形文字的特点。幼儿因为有了前期皮影戏的表演经验,又可以将创编的故事进行皮影表演,满足了幼儿运用多种形式表达表现的需要。将创编故事与表演结合,幼儿创编的故事就不再是静态的故事,无人问津的故事,而是变得鲜活起来。

分析与思考：

通过画一画故事、创编故事、表演故事，体现幼儿的选择权、表现权、决策权。

这些新的预设的创设，充分体现了幼儿的表达表现权。分组计划、设计、制作的过程，体现了幼儿的选择权。

五、感悟

主题内容的调整，不代表原先内容设计不够好，而是哪一个预设、哪一个内容更契合当下儿童的经验与发展需要。选取与抉择，是教师时常面临的问题，保持敏感，心中装着儿童的发展，并以此为出发点捕捉有价值的点，找到当下热点与幼儿经验发展之间的关系，才能使设计内容满足幼儿的需要。

主题内容的调整过程，是课程动态发展的过程，儿童的发展是教师不断调整课程的依据之一。原有课程不是拿来就用这样简单，而是一种较好的参考，具体的落实，必须首先考虑到儿童的经验与发展情况，如此才能很好地体现"我的课程"理念下儿童权利的实现。所以，儿童的经验在变，主题的优化就一直在路上。

（撰稿者：上海市嘉定新城实验幼儿园 高雯雯）

第三节
看见成长轨迹的增值性评价

在慎重使用终结性评价对幼儿进行能力与发展水平的判定的前提下，如何看见幼儿个体的纵向变化呢？《深化新时代教育评价改革总体方案》建议"探索增值评价",追踪学生一段时期内的变化轨迹,让每一个学生体验进步和成长的快乐。学龄前幼儿由于年龄小,同一班级内幼儿发展差异更加显著,相较于横向对比带来的不公平,增值性评价更加尊重每个幼儿发展的差异性,更注重每个幼儿在自身原有基础上的成长和进步。

增值性评价是通过分析学生学业成就变化轨迹,将教育效能从教育者不可控的非学校教育因素(如家庭背景、学校特征)的影响中分离出来,将教育效能用于高效教育特征的研究,对改进教育质量有很高的价值。[①] 华东师范大学教育学部范国睿教授对增值评价进行了操作性定义:"增值评价以'输入''输出'变化作为评价依据,其不再仅仅以'结果'论英雄,而是将'结果'与一段时间内的学生、教师、学校发展之前的'基础水平',以及诸如各种教育资源等其他'输入'条件联系起来,通过判断这一'基础水平'与'结果'之间的差距,来判定被评价者的进步水平。"[②]通过增值评价衡量不同发展与能力水平的幼儿从原来的基础上提高到什么样的水平,这部分增值就是教育的效果及创造的价值。在增值评价理念下,学生、教师、学校或区域教育评价的依据不再是单次的测验结果,而主要关注学生、教师、学校或区域教育在一定时间范围内的进步程度或努力程度。利用增值性评价呈现幼儿学习与发展的成效,可以看见每个幼儿的纵向成长与变化,更体现公平性与个性化。

增值性评价的开展包括收集数据和处理数据两个步骤。第一,科学有效的数据收集:需要收集幼儿前后至少两个以上时间段的量化发展数据;第二,对幼儿发展数据前后比较与分析。在幼儿园阶段,对幼儿的观察通常通过真实情境中的质性观察与分析,较少采用量化数据的方式,这给增值性评价带来一定的问题;同时,数据统计分析具有一定的技术难度。

基于增值性评价的理论研究和实践参考,"我的课程"探索并形成增值性评价的一些做法。第一,结合幼儿年龄特点,收集幼儿发展的质性数据,如幼儿发展的

---

① 姜勇,张明红.教师质量评价的新转向与范式变革的前瞻思考[J].教育发展研究,2016(4):46-52.
② 范国睿.教育评价改革的新路向[N].人民政协报,2020-07-15(6).

轶事记录、游戏观察记录等,通过对同一发展维度下幼儿发展不同阶段记录分析对比,判定幼儿增值发展情况。第二,通过收集幼儿日常发展状况的量化数据,通过对一段时间内的幼儿评价数据变化的处理以及对比分析,发现幼儿的发展与变化,判定幼儿增值发展情况。

一、运用观察工具开展观察

依据真实性评价的理念,我园以自然状态下的观察与记录作为幼儿质性发展数据收集的工具。因此,我园依据《3—6 岁儿童学习与发展指南》《幼儿园保育教育质量评估指南》《上海市学前教育课程指南》《上海市幼儿园办园质量评价指南》等研发《儿童发展行为观察表》,以数据记录幼儿真实表现。(见表 5-6)

表 5-6 儿童发展行为观察表(部分)

	小 班	中 班	大 班
9 月	·情绪	·社会交往	·情绪识别与调控
10 月	·洗手 ·进餐	·进餐与整理 ·使用筷子	·任务意识
11 月	·自己穿脱衣	·自己穿脱衣	·整理能力
12 月	·交往讲文明	·阅读能力	·前书写能力
1 月	·自我管理(自我保护等)	·自我管理(整理)	·学习品质(计划性、时间管理)
2—3 月	·倾听 ·语言表达	·倾听 ·语言表达	·倾听 ·语言表达
4 月	·进餐、穿衣服	·自我管理	·自我管理(调整运动量)
5 月	·动作发展(肢体、精细)	·动作发展(肢体、精细)	·动作发展(肢体、精细)
6 月	·数学与思维能力	·数学与思维能力	·数学与思维能力

二、基于《儿童发展行为观察表》开展增值性评价

基于《儿童发展行为观察表》开展增值性评价,以一个月为观察—评价周期。

首先,教师基于《儿童发展行为观察表》的观察指标对幼儿进行第一次观察,并简要记录幼儿的典型行为,对幼儿典型行为进行"表现水平"的判断。同时,确定本条观察指标中重点观察的班级幼儿,一般为5—7人。

其次,教师基于对幼儿第一次的观察记录及评价,进行过程性的指导与互动,并于两周后进行第二次观察,同样记录幼儿典型行为以及"表现水平"。

然后,根据第二次观察记录及评价,调整教师支持策略并持续进行观察与支持。两周后,进行第三次观察,同样记录幼儿典型行为以及"表现水平"。

最后,教师根据三次观察记录及幼儿三次"表现水平",对幼儿进行"一个月后表现"的整体分析,呈现幼儿"表现水平"的变化,记录幼儿本条观察内容的相应发展与进步,作为增值性评价的最终呈现。(见表5-7)

表5-7 儿童发展行为观察表(整理能力)

内 容	1. 游戏活动中的整理	2. 运动中的整理
表现	表现水平1:较少参与游戏材料的整理和摆放。 表现水平3:游戏后能够有序地摆放和整理游戏材料。 　如,游戏后能够根据不同形状收纳标志,对应整理材料。 表现水平5:在游戏过程中及游戏后,都能分类整理、有序摆放游戏材料。	表现水平1:在成人的引导下,参与运动中整理。 表现水平3:在成人的提醒下,能够在拿取或整理时保持运动器具的有序。 表现水平5:运动过程中及运动后,都能自主、有序拿取运动器具,物归原处。
幼儿姓名	如,游戏中能够和同伴一起按照形状类型搬运积木,比如,"我收圆形的";同时,材料车中积木摆放整齐、有序。	如,运动中,当有需要时能自己去取器材;运动结束后能记住物品位置、能快速归还到原处,并保持器材的有序。

（续表）

		日期：11.1	日期：11.15	日期：11.29	日期：11.2	日期：11.16	日期：11.30
……							
2	舒舒	1—3 较少参与整理，很少主动地收集，需要反复地提醒后才能整理。	3 换车时，有时把车停在指定的换车处。	3—5 在音乐区，和朋友一起按乐器的种类进行整理，并放入格子柜中。	3 偶尔会和同伴继续玩，没有听到结束整理的信号。	3 比较主动，但收了一半会受周围同伴影响而不再收拾。	3—5 愿意和同伴一起收垫子、把垫子归至原处。
……							
7	熙熙	1—3 整理时易受到同伴影响而游离，收了一个垫子就离开了。	3—5 能将不同的控沙材料放到不同的架子和车子里（偶尔需要提醒）。	5 建构游戏结束时，主动和同伴一起整理积木，并直到整理完毕。	3 整理到一半又开始玩了，需要教师提醒才能继续整理。	3—5 需要提醒，有所游离，但能在教师提醒下继续整理。	3—5 整理基本能分类，将不同的垫子放到不同的架子和收纳柜里。
……							
重点关注		舒舒：整理时比较慢，易受周围事物的影响而分心，注意力不集中，有整理的意愿。 熙熙：年龄较小，整理时易受周围同伴、环境、材料的影响；整理只是简单收拾，能够物归原处；缺乏有序、分类，缺乏物还原样。					
一个月后表现		舒舒[1/3—3/5]：在常玩的沙水游戏中，整理比较主动，了解每种工具、材料摆放位置，并能够基本做到有序归位。但在建构游戏中，依旧存在整理时不能把积木按形状有序分类的情况。 熙熙[1/3—3/5]：从观察初期对于运动器械物归原处的忽视，到观察后期能够有序将沙水游戏中材料物归原处、物还原样，整理意识增强，有一定整理方法，初步形成有序整理的习惯。					

（本表由陈李彤提供）

177

课程智慧　5-3　"小绵羊"到"小山羊"的变身记

一、观察与倾听

片段一:

小伙伴们都在征服高难度的山羊,心心却挑了只最矮的小羊。看她从4米外匀速冲过来,跑到山羊跟前突然刹车,一边站在波比球上反复弹跳,一边看向老师并张开嘴巴,舌头抵住下牙齿。过了半分钟,她右脚小心翼翼地跨上山羊,左脚也跟着上来跪在羊背上。手部姿势调整好后,心心坐上了山羊,双脚悬空,最后跳下。这样的动作,她连续尝试了三次,每次都用同样的方式搞定山羊。最后她默默地看着旁边的睿睿和子昕,助跑、起跳、腾空、落地,一气呵成,全程无言。

教师的第一次倾听:

回到教室后,心心将今日尝试跳山羊的事情通过运动日记的方式记录了下来,她画了一个矮矮的山羊,和一个高高的山羊,在矮矮的山羊面前画了一个哭脸的小女孩。在这个过程中,我感受到了心心的小沮丧,于是我们开展了第一次的近距离对话。

师:"心心,你刚才征服小羊的过程真是太有趣了,每一步都那么认真。"

心心:"(有些害羞,但眼里闪着光)真的吗?我其实有点紧张,因为大家都选了高难度的山羊,我只敢选最矮的。"

师:"紧张是很正常的,但你知道吗?老师看到你站在波比球上弹跳的时候,觉得你特别稳,如果你能用手用力地撑一把,就能成功啦!"

心心："但是。我觉得自己撑不住，我怕从山羊上摔下来。"

师："你会自我保护这一点，非常棒！但是老师在一旁会保护着你，周围我们也铺满了厚厚的垫子，不是吗？"

心心听完，用力地点了点头，说："明天，我还要再尝试一下！"

片段二：

心心坐在操场的凳子上，眼睛却看着跳山羊处。老师询问原因，她说："我不敢。""没关系，我和你一起。"于是，老师陪着心心一起进行跳山羊游戏，只见心心向山羊跑去，跑到山羊前又猛地停了下来，踌躇了一阵后，她双手用力一撑，同时抬起一条腿，便坐到了山羊上。她又一次看向我，这一回露出了微笑的表情。老师向她投去了赞许的眼光，并向她竖起了大拇指。接着她双手举起，身体向右倾斜，右脚先着地，随后左脚也跟着慢慢地放了下来。

教师的第二次倾听：

师："心心，今天运动你觉得自己怎么样？"

心心："我今天变勇敢了，好像跳山羊也没有那么可怕。"

师："是啊！我也觉得你今天十分勇敢，敢于尝试了，回家也可以试着和爸爸妈妈玩玩这个游戏。"

心心露出了为难的神色："奶奶不让我玩这个游戏，说这个游戏太危险了，会摔跤的……"

二、解读与分析

跳山羊是一项以跑跳动作为主，结合了冲刺跑、蹬腿、收腹等动作的运动，对儿童而言，跳山羊不仅可以发挥跑、跳、臂力以及落地时的平衡能力，从冲刺到腾空而起的瞬间，还可以对力量和胆量进行锻炼，很好地培养幼儿果断、勇敢、不怕困难的学习品质。

在班级中,大多数孩子均能成功跳过山羊时,究竟是何种因素导致心心无法完成这一动作? 心心的个体差异具体表现在哪些方面? 经过老师与幼儿的一对一倾听以及与家长的深入沟通后,我们识别出心心始终无法跳过山羊的主要原因有三:首先是运动能力上的差异,其次是心理层面的影响,最后是家庭环境的因素。

1. 一个心里的"小怪兽"

在与心心的一对一倾听过程中,我们了解到心心的心里住着一只怕高的"小怪兽",即使是较矮的山羊对她来说也是有危险性的。跳山羊时,我们发现做所有的动作前都会有一个小小的停顿,并且动作慢而小心,仿佛那只小怪兽不停地在告诉她:"太高了,掉下来会疼的!"

心心心里除了住着一只"怕高怪兽"以外,通过日常聊天再结合心心平日在班中的表现,我们发现心心的心里还住着一只"怕输"怪兽。其实心心是一个比较要强的孩子。这只"怕输"怪兽的存在会让心心担忧"如果跳不过去,小朋友们会不会笑我? 老师会不会觉得我没有那么棒?"所以,在跳之前心心会一边看向老师并张开嘴巴,希望寻求老师的鼓舞。

2. 一些家庭的"小影响"

心心主要由祖辈照料,奶奶比较注意安全问题。家庭环境缺乏体育锻炼的氛围,这个也不许,那个也不行,生怕磕了碰了,这可能造成了心心性格上的胆小谨慎。在沟通过程中,我们发现心心的家长对培养运动能力的重视程度不足。心心也表示,在家中很少进行体育活动,偶尔会在小区内骑自行车、玩滑板车或轮滑,这些活动主要锻炼了下肢力量,而上肢力量的锻炼则相对缺乏。

3. 一场身体和技能的"小挑战"

大班开学初,我园体育老师对我班幼儿进行了体能测试,结合心心跳山羊的表现可以看出,心心平衡能力强,下肢力量较强,然而手臂力量一般。从心心跳山羊的姿势动作来看,还未掌握正确的方法。跳山羊对于心心来说,就是一场身体技能的"小挑战"。

三、回应与支持

厘清原因之后,如何才能让心心从"小绵羊"变成勇敢的"小山羊"呢? 这时候就需要教师的"魔法"加持了。

魔法一: 赶走心里的"小怪兽"——表扬鼓励,增强自信

对年幼儿童而言,情绪体验对其运动行为具有重要影响。跳山羊,对于幼儿来说可能是一个大大的挑战。幼儿的运动表现固然受生理条件的限制,但积极的情绪体验连接的是自信的建立,使其走出害怕的心理,建立"我行""我勇敢"的自信,是运动游戏过程中更重要的支持。动作技能的发展不仅是身体动作的发展,同时也反映了幼儿心理品质的建立。

我们又和心心进行了一次深入的交谈。根据心心的需求,我们针对心心的心理和运动品质,又投放了一些差异化的运动材料,如:木板、梯子、更低的跳箱等,帮助心心逐步克服对高度的恐惧。另外,我们还增添了许多厚厚软软的垫子,让心心感到安全,减少受伤的风险。

其实对一些发展相对缓慢的幼儿来说,自信心的建立尤为重要。当一名幼儿难以"跳山羊"时,这可能并不完全是上肢或下肢力量的缺乏,也可能是遇到了前所未有的不确定性,是缺乏安全感的表现。在这种情况下,老师不仅要帮助幼儿增强运动能力,

还要给予适度的情感关怀和激励，我们在心心尝试跳山羊时，给予她积极的鼓励和正面的反馈，强调她的努力和进步。每一次的鼓励，都让心心更加坚信自己是可以做到的，更容易去跨出第一步，当心心拥有了成功的喜悦和同伴的肯定后，心心的自信心大大地增强了。

魔法二：家园小联盟——家园沟通，转变理念

1. 视频直击，打破固有形象

心心的胆小有很大的一部分源自家庭中潜移默化的灌输。为了从根本上解决这个问题，我们请其父母和奶奶一起参与这场变身计划。我们将幼儿园里心心与其他同伴的一些运动视频做了一个大集合，给心心的家长观看，当他们看后大为惊叹，无法想象心心还有如此"勇猛"的一面。

2. 每周一约，提供亲子游戏

此外，我们也用每周一约的方式，提供了不同的适合在家进行的亲子小运动。这个过程，既增强了心心的运动能力，也让亲子关系变得更加融洽了。

3. 双向检核表，了解更全面

我们还通过双向检核表互动的形式，沟通心心在园与在家的信息，通过心心的表现，制定个性化的运动课程，帮助心心能够成功跳过小山羊。

这一系列的操作，让心心的家人彻底转变了理念，特别是心心的奶奶，从家园互通的小视频中，我们可以看到奶奶不但放手了，还和心心一起玩着亲子游戏，特别地开心。

魔法三：一起变强大——尊重差异，制订计划

根据心心的表现和体能评估，针对心心运动素质的缺乏情

况,我为心心制定了个性化的小组活动和体育活动。为了激发心心的上肢力量,我们利用学校的场地设置、体育游戏的时间,同时结合家园共育,为幼儿定制个性化运动计划。

经过第一阶段的练习,我们发现心心的上肢力量有了显著的增强,表现在滚动轮胎的速度变快了、垂悬的时间变长了。和父母沟通后,父母也发现小朋友在家玩推小车游戏的时候,能够用手臂支撑身体,行走更长时间的路了。于是,我们准备进入第二阶段——分解练习,完美演绎。

第一阶段 增强上肢力量

	增强上肢力量	观察指导要点
幼儿园	创设多元环境,满足幼儿动作发展需求,促进幼儿协调性的发展。 1. 利用2号场地的垂悬架,增强幼儿上肢及核心力量。 2. 利用轮胎区,带领心心在平台开阔处尝试双手向前滚轮胎,然后挑战上山坡等有一定坡度的地方,推轮胎上山坡。	1. 观察幼儿滚轮胎时双手推动轮胎前进的情况。 2. 观察幼儿在轮胎意外倒地时,主动扶起倒地轮胎的情况。 3. 观察幼儿双手控制轮胎行进方向的情况。
家庭	游戏一:推小车 玩法:家长拉着心心的双脚,心心通过双手支撑向前行走。 游戏二:小青蛙跳跳跳 玩法:心心双脚与肩同宽蹲在软垫上,双手在体前按住积木。双手前推,双脚原地不动。下肢轻跳,双脚尽量靠近手部按压位置。	

前期对"跳山羊"的正确方法进行了相关资料的查阅,我发现心心在"跳山羊"的每个动作阶段会出现不同的问题,不同的问题体现出其相应身体素质的缺乏,应拆分动作环节,分阶段对心心进行针对性的练习。

第二阶段 分解练习,完美演绎

分解动作	动 作 要 领	体育游戏	家园跟进
原地纵跳	屈膝半蹲两臂后摆,起跳时双脚用力蹬地。两臂由后方向前上方摆动,双腿蹬直,落地时屈膝缓冲,每一次起跳都要用尽全力。	小兔摸高跳	超级玛丽顶气球
向前一步助跑踏跳	向前助跑一步双脚用力踏跳腾空时,双腿充分蹬直,落地时屈膝缓冲。	男孩女孩向前冲	踩石头过河
原地支撑提臀	在山羊前两腿微屈,两手打开与肩同宽,直臂支撑,手掌支撑位置准确,双脚用力蹬地,蹬地的同时收腹提臀,臀部要略高于肩。	翻山越岭	桌子撑高高
助跑踏跳提臀	该练习就是将分解练习动作结合起来。做这一项练习时,应该注意保护,保护者应站在山羊前,两脚前后开立,两臂张开,随时准备扶练习者的上臂,防止前倒。	小山羊,冲呀!	爸爸是山羊

在这个分解练习的过程中,我们对场地也进行了循序渐进的调整。在山羊前面加一个平衡球或者跳板,帮助心心通过借力的方式跳过山羊。经过一个月的鼓励与分解练习,心心明显自信了很多,能连续地完成整个跳山羊的动作,获得了成功的体验,增强了挑战自我、克服恐惧和不轻言放弃的信心。

综上所述,通过观察与倾听、解读与分析以及回应与支持等一系列措施,心心成功地从"小绵羊"变成了勇敢的"小山羊"。这一转变,不仅体现了教师在幼儿成长过程中的重要作用,也彰显了个性化教育和家园共育的必要性。未来,我们将继续秉承这些教育理念和方法,为更多幼儿的成长和发展贡献力量。

(撰稿者:上海市嘉定新城实验幼儿园 赵素纨)

第六章

"我的课程"之术

　　教育的使命在于发现和挖掘每一个孩子的天赋潜能，为他们的个性发展提供良好机会。好的教育看不到教育的发生，却实实在在地影响着受教育者的心灵。好的课程支持幼儿高质量发展，好的课程发展教师智慧，好的课程促进教师专业成长，好的课程创建家校社协同模式，好的课程让每个家长成为育儿能手。

"我的课程"理念的落地实施与幼儿园的课程管理密不可分。我园在"让每个生命绽放精彩"的办园理念下,立足"幼儿发展为本",以"唱响自己,个性生长"为园本追求,通过教科研联动的研究机制,实施差异化教学、家园共育等,构建高效、园本化以幼儿为中心的课程体系。

| 第一节 |
价值引领:为个性发展护航

教育的使命在于发现和挖掘每一个孩子的天赋潜能,为他们的个性发展提供均等机会,让他们成为独一无二的"自己"。在这一使命的驱动下,我们树立了"尊重儿童的主动选择,挖掘儿童的优势潜能,促进儿童整体和谐发展"的理念。在掌握和分析我园幼儿发展需求的基础上,我们对国家课程进行了重构并加以丰富,逐步形成了我园"我的课程"体系。

"我的课程"是立足幼儿个体,在充分把握幼儿生理、心理、认知、社会性发展特点和规律的基础上,以满足其发展需求为导向而规划的课程目标、内容、组织形式、实施计划等,即为幼儿个体量身定制的课程。它包含了三个维度的课程:共需课程,即满足3—6岁幼儿年龄身心发展规律与特点共同需求的课程;群需课程,即依据幼儿学习兴趣、知识能力、情感态度差异需求而设计的课程;特需课程,即依据幼儿个体的特殊需求设计与实施的课程。

鉴于此,"我的课程"的规划和实施改变了以成人的视角为幼儿确定课程的习惯思维,体现以儿童需求为导向的课程观,凸显幼儿的主体地位,把学习和发展的自主权还给幼儿,这一改变无疑满足了当下教育转型的需求。

一、"我的课程"之管理价值

课程发生了改变,课程管理也必然随之而变化。原来自上而下控制型的管理模式已无法适应"我的课程"体系的持续发展。"我的课程"是基于满足幼儿发展需求而构建的课程,它需要科学、弹性和过程性的管理,详细说来这样的管理具有以下特点:

首先,科学研究引领课程规划。以满足幼儿发展需求为前提的"我的课程",需要科学地把握幼儿的发展需求,即需要变基于经验的了解为基于数据的研究。只有科学地研究幼儿不同层次、不同类型的发展需求,才可能有针对性地规划课程,为每一个幼儿提供适宜、优质的教育服务。

其次,开辟弹性空间保障课程实施。幼儿的发展需求门类各有所别并富有个性。面对一个个灵动的生命个体,我们的课程实施应该是一个存在着各种可能性的运作体系,而不是毫无协商余地地"照本宣科"。以往千人一面的课程实施,淹没了幼儿的发展个性,不同孩子在同一时间以同一方式接受同一内容,这显然无法满足幼儿个体发展的需求。只有开辟弹性空间,才能让幼儿的个体需求获得发展机会。

其三,过程性评价贯穿始终。"我的课程"的构建旨在通过适宜的课程发现和挖掘每一个幼儿的优势潜能,填补弱势区域的发展空缺,最终促进幼儿整体和谐发展。此外,幼儿的发展是一个不断发展变化的过程,具有鲜明的阶段性特点。结果性评价容易导致"贴标签"现象,严重阻碍了幼儿身心健康的整体发展。因此,"我的课程"需要的是过程性、形成性的评价,不仅对于幼儿的学而且对教师的教给予过程性的评价指导,让课程的运转形成螺旋式上升的良性循环。

二、"我的课程"之管理路径

(一) 课程规划: 变行政控制为专业引领

在课程规划工作中,课程目标的重构始于幼儿发展需求的研究。在课程园本化研究之前,我们直面的最大问题是教师对课程目标难以把握,各类计划中的目标停留在空泛表述,各个阶段培养任务模糊不清。此外,教师对幼儿的发展需求缺乏科学、客观的把握和理解,仅仅是基于经验的"估计"。为此,我们决定摒弃上传下达、完成任务式的课程规划思路,引领全体教师开展幼儿发展需求的研究,在研究的基础上科学地重构课程目标。

我们和教师一起深入解读《3—6 儿童学习与发展指南》《上海市学前教育课程指南》,同时不断学习国外 3—6 岁儿童学习发展标准的相关文献。此外,我们通过班级日记、儿童行为的时间取样和事件取样以及行为检核等方法,让教师在常态教育活动中持续收集孩子们的行为表现,与国家教育指南进行对照、印证,从中梳理和归纳本园幼儿共同的发展需求、部分幼儿的发展需求以及个体幼儿的发展需求。在此基础上,我们对国家课程目标进行分类、重组和细化,形成具体、可操作的"我的课程"课程目标。

课程目标重构的过程就是研究幼儿发展需求的过程。教师纷纷反映"有了'接地气'的课程目标,我们带班心中有底了"。掌握了科学的方法,教师对幼儿发展需求的把握摆脱了经验层面的"估计",变成了基于数据的理性认识。难能可贵的是,教师逐渐形成了持续关注幼儿发展需求的专业习惯和素养。

课程内容的丰富始于幼儿发展需求的满足。幼儿发展需求的研究,让我们意识到原有课程内容难以满足幼儿多样的发展需求。因此,对课程内容的顶层设计不能一味地追求完成行政任务,而应更多地呼应幼儿不同的发展需求。通过丰富课程内容,在为幼儿的优势潜能搭建发展平台的同时推动弱势区域的联动发展。为此,我们组织教师联合家长的力量调查幼儿的学习兴趣和学习风格。以此为依据,设置了动态发展的菜单式课程,如小设计师、小画家、小探索者等,让中班和大班幼儿根据自己的兴趣,自主选择活动内容。相对于基础课程而言,菜单式课程内容更为灵活机动,我们依据不同时期幼儿的关注热点进行持续的动态调整。在调整过程中,教师不断加深对幼儿身心发展规律和学习特点的理解。课程规划再也不仅仅是幼儿园行政领导的事情,而成为了教师、家长和幼儿共同参与的活动。

管理者最核心的角色不是行政控制,而是科学的专业引领。

(二) 课程实施:变统一步调为弹性实施

在课程的实施中,首先应当设置自由空间,还儿童自主发展的权利。深入研究幼儿的发展需求后,我们发现日常课程安排仍然缺少弹性,其实幼儿的发展需要有自主支配的时间和空间,当幼儿有了发展自主权后,各种奇思妙想将层出不穷。由此,我们为孩子们创设了每日的自主发展空间:二十分钟户外探索,十分钟自由谈,十分钟自由阅读,把一日活动的时空与大自然、社会以及书本世界进行链接,让每一个孩子都能在广阔的空间实现具有个性的自主发展。教师在此过程中,更多地以陪伴者、观察者和引导者的角色出现,为发展能力弱的孩子提供更加细致入微的"脚手架式"帮助,为能力强的孩子设置"挑战"。让每一个孩子在自由的空间里,根据自己的需要获得自主发展的机会。

其次,应当动态调整班级计划,还教师课程实施的自主权。幼儿的发展是一个不断变化的过程,我们习惯性地照本宣科实施班级计划使课程实施僵化,无法充分利用生成性的课程资源,最终导致难以满足幼儿处在变化中的发展需求。另外,还有一个附带的后果:教师在实施课程时缺乏积极的思考,很大程度上阻碍了教师的专业成长。有鉴于此,我们决定把课程实施的自主权下放给教师。在自主权下放的同时,为教师提供动态调整班级计划的指引。在幼儿自主发展的空间里,教师往往能捕捉到有价值的生成性课程资源。教师在评估和筛选这些生成点时,我们通过思维导图给予教师指引,让教师通过与课程目标的对应准确定位生成内容的价值点,在现有的课程资源中寻找相匹配的课程内容,并根据幼儿的学习方式选择适宜的方法实施生成性的班级计划。

班级计划的动态调整,从根本上改变了"千人一面"的教育模式,让教育更适合每个班级幼儿的发展需求。幼儿个体的发展因此而变得灵动,充满活力。让教师逐渐具备灵活实施课程的专业素养,满足幼儿的需求得到了全面有效的落实。

（三）课程评价：变结果为途径

在课程的评价中，首先是对教师的评价——诊断性和反思性评价为主导。为了对教师课程实施进行评价，我们不断细化各类课程实施评价指标，完善教师案头计划、材料投放、环境布置、幼儿活动现场的评价标准。并通过诊断性他评和反思性自评的形式，优化教师的教育策略和行为，持续提升课程实施质量。

诊断性他评：强调评价的过程性和发展性，管理层通过建立每周课程评价反馈机制，即通过每周课程现状调研、每周课程实施反馈报告的机制，及时收集课程实施的情况，每周对教师实施的课程进行过程性的分析、诊断、评估，针对问题提出改进对策，让教师自主学习、自行完善。诊断性的评价增强了教师自主学习、自主评价的能力，加强了课程的过程管理，切实提高了课程实施的质量。

反思性自评（互助式的自评）：建立每周课程实施自评机制，每周每班三位保教人员根据课程实施的评价指标进行讨论、分析，发现幼儿园课程实施中的亮点和不足，及时反馈调整。这种小团队式的自评机制，让教师不断在学习他人、反思自我的过程中得到专业发展，增强了教师实施课程的专业自觉和专业能力。

其次是对幼儿发展的评价——过程性和表现性评价为途径。关于幼儿发展水平的评价，我们采用班级自评与园级测评相结合的方式进行，通过过程性评价和表现性评价等形式，持续掌握幼儿的发展进程，并以此为依据调整课程规划和实施。

过程性评价：教师以幼儿发展检核和日常观察记录表观测每个幼儿的发展情况，做好过程性的发展评价。园级以不定期观测的形式，每月开展不同项目的检测与评价，如对幼儿礼貌、洗手、进餐、午睡、擦脸、漱口、倾听等日常行为习惯进行检测与评价，并将评价结果与教师沟通，促使各班教师了解幼儿发展情况，完善过程性指导。

表现性评价：以年级组互评的方式开展各年龄段幼儿的表现性评价。根据幼儿的年龄段特点和不同时期的课程目标，我们设计适宜的表现性任务，通过视频观察和现场观察,记录和汇总各班幼儿的观测数据,最终形成各班幼儿发展的评价结果。在此基础上,分析幼儿发展过程中存在的共性问题和个性问题,形成幼儿整体发展水平状态的总结报告。

总而言之,课程评价不是把教师"分等定级",更不是给幼儿"贴标签",而是为了更好地实施课程,让课程规划、课程实施和课程评价的三大环节形成螺旋式上升运转的良性循环,最大限度地满足幼儿的发展需求。

卢梭在其名著《爱弥儿》中说道:"什么是最好的教育?最好的教育就是无所作为的教育:学生看不到教育的发生,却实实在在地影响着他们的心灵,帮助他们发挥了潜能,这才是天底下最好的教育。"要做最好的、满足幼儿发展需求的教育需要课程管理保驾护航。有效的管理绝不是少数人的参与,应该是幼儿园全体人员的共同参与。多元、动态的管理,才能为幼儿园课程建设注入更多的智慧和活力。

第二节
组织建设:凝聚共同体智慧

学前教育作为终生教育的开端,是每个孩子健康幸福地度过一生的基础。作为课程改革和发展的核心要素,教师被视为"学校与教育革新的心脏"。《中国教育现代化 2035》等纲领性文件明确提出普及有质量的学前教育,注重因材施教。幼儿的高质量发展离不开高专业素养的教师,因此,"我的课程"离不开教师共同体的智慧。

我园教龄 1—3 年的教师占比超过四分之一,青年教师超过三分之二。这样一支年轻的队伍既是师资队伍新鲜力量的补充,也对高质量课程实施带来一定挑战。在面临着青年教师缺乏经验、师资梯队不均衡与课程实施的高质量要求之间的矛盾,如何激发教师队伍的潜能与活力,构建支持每位教师专业发展的培养体系,是我们需要不断思考和解决的问题。

我们打破传统的教师发展观,在"让每个生命绽放精彩"办园理念引领下,围绕"树文化",营造天天向上的育人氛围。强调教师、幼儿、幼儿园是共生共长的生命共同体,我们倡导赋予教师自主权、选择权,让教师参与到学校和课程建设的决策中,我们尊重每位教师的专业个性、唤醒每位教师的专业自觉,让教师成为主动成长的主体。

我们以培养"研究型教师"为目标,以尊重与支持每一位教师专业发展需求为导向,以基于教育实践的"问题及问题解决"探寻教师专业发展路径,形成"一个中心、三个着力点"的教师专业可持续发展支持体系,培养以"终身学习者·儿童支持者·课程领导者"为内涵的研究型教师。

一、筑牢师德,让教师拥有专业的底色

高尚的职业道德素养,是教师的必备品格。幼儿园以"天天向上"文化内核为引领,开展崇高师德和常态师德的建设。(1)崇高师德。例如,"爱的N种故事"宣传、"五慧活动"、"我最喜欢的老师"、师德标兵评选等系列活动。(2)常态师德。对于广大教师而言,最不陌生的就是崇高师德和底线师德。但是,介于崇高和底线之间的常态师德,教师们关注不多。其实教师的师德行为体现在日常教育活动的点点滴滴中。我园探索将教师道德建设与专业能力联系起来,关注教师在一日生活中的育人育德能力。例如,教师日常与孩子交往中平等的态度,教师是否创设让幼儿表达需求与自主选择的机会,教师在不同的活动中如何安排幼儿座位排列方式、上课时如何分配眼神、是否关注到每个孩子,在教育教学活动中是否每个孩子都有发言的机会、孩子的问题是否会支持,以及教师对班级中个别儿童特殊需求的满足等。带领教师在各级教研中研究常态师德,将师德问题可视化、显性化、具体化,让师德师风建设工作更加精准"落地"。

二、夯实专业知识，让教师拥有专业自信

如何看得懂幼儿的发展，一直是制约高质量课程实施的因素。我园探索通过夯实教师领域专业知识，增强教师解读支持幼儿学习与发展的专业能力。（1）加强科学的本体性知识的学习。例如，幼师背景的教师缺乏运动课程实施的专业的本体性知识，因为专业知识的匮乏，教师不能很好识别儿童在运动中的需求，不能有效进行支持。为此，我园在《3—6岁儿童学习与发展指南》和《上海市学前教育课程指南》基础上，出版《幼儿个性化运动课程》——从"我走、我跑、我跳、我投、我爬、我稳"六个方面，以幼儿视角明晰基本动作进阶式发展序列、动作要点与经验发展，夯实教师学科专业本体知识。（2）在"观察—记录—解读"中，将本体性知识转化为教师实践知识。教师每天写儿童行为观察记录，在记录孩子发展故事中运用专业知识；在教研活动中，依托案例分析、讲孩子发展故事等形式，在情境分析与同伴互动中迁移、修正和内化专业知识，从而转化为属于教师个人的实践知识，让教师在自己的专业领域更加专业、更加自信。

三、创新模式，凝聚教师共同体群体智慧

我园打破教研活动、课题研究以及专业培训之间的壁垒，站在系统开放的视角，基于教师思维发展从低到高的六个层次，记忆、理解、应用、分析、评价、创新，将教师专业发展的几种形式有机融合，形成了指向教学实践改进的研训教评一体的教研模式。

研训教评一体化教研运作模式是一个循环研究的过程，包含了"研究先行——培训接力——教研落实——评价反思"一系列环节，直到问题解决，改进实践。

（1）研究先行：在我园龙头课题的引领下，确立研究方向，突破教师在游戏活动中遇到的关键问题。（2）培训接力：针对教师的困惑与需求，邀请相关专家和

游戏项目负责人开展专业培训,从幼儿发展 pck、观察与评价等理论知识的角度进行系统专业培训,筑牢教师专业根基。(3)教研落实:首先,现场观摩。教师带着问题进入教学现场,运用相关的观察工具和方法观察和记录幼儿的发展。其次,教研研讨。现场观摩后,项目组共同体成员展开团队式研讨活动,结合专业知识解读幼儿的发展、行为表现,形成支持幼儿发展的行动方案。(4)评价反思:依据行动方案在实践中加以实施。再将行动方案实施后的效果与项目组内的教师进行交流,反思哪些措施对幼儿发展是有效的,哪些措施还需要进一步修改。带着反思的结果,回到观摩现场,展开新一轮的观察—识别—分析—支持。

研训教评一体化的专业共同体激活了每位教师的教学智慧,提升了每位教师的专业素养,优化了课程实施,我们努力通过研训教评一体化的专业共同体绽放每位教师的专业精彩。

四、科研领先,赋能教师课程领导者

我园以科研领先,激发教师问题探究的精神,唤醒教师教学主体意识,促进教师专业自觉发展。为此,我园落实了以下三点措施。(1)营造人人会思考,人人愿表达的研究氛围。我园珍视教师的实践探索,鼓励教师大胆表达教育见解,支持教师通过课题研究、案例反思、发表文章等方式拓展和分享实践经验。(2)形成人人有课题,人人在研究的科研文化。幼儿园面向不同需求的教师搭建课题研究平台,包括园级课题—区级课题—市级课题—国家级课题。围绕"学习—研讨—申报—立项—行动—总结"的要求,每个教师带着研究目的开展思考。(3)构建人人有助力,人人在发展的科研支持系统。幼儿园融合各类资源组建研究共同体,以专家视角增强教师反思意识,以理论视角优化教师理性认识,以同伴视角丰富教师实践观点。不同层面的观点碰撞激活研究活力,助力实践创新。

在课题的引领下,我园教师不断攻克课程改革的实践难题,不断更新教育观念,改进教学实践。

五、个性化支持，助力教师专业发展

我们认为教师是主动的发展者。我园以教师发展规划为载体激活教师活力，在明确育人目标和个人发展特质的基础上，倡导教师基于个人兴趣、特长以及发展需求确定自己发展方向。幼儿园通过导师结对、一对一指导等方式，为每位教师的发展规划提供反馈、指导和资源支持。我们引领教师做好教师个人发展规划，实现学校与个人共同发展。一方面，我们指导教师的个人规划要和幼儿园发展规划保持一致。另一方面，我们给教师成长"留白"。有这样一句话，"生命有裂缝，阳光才能照进来"。教师的专业发展与孩子的成长一样，同样需要"自主发展"的空间。留白，我们让每位教师根据自己的爱好和特长开展研究，让一个个老师绽放精彩。

我们推进多维度梯级教师发展路径。教师发展路径多样化是教师个性化发展的决定要素。我们在分析教师专业发展需求上，系统设计并推进构筑多维度梯级教师发展路径，形成基于教师不同发展需求的分层分类培养机制："新秀教师—青年教师—经验型教师—骨干教师—名师"多层次研修对象，每个层级教师根据专业发展需求依托社团开展项目研究，以项目驱动教师专业发展，实现不同成长阶段的教师有层次、有梯度地成长。

I 第三节 I
制度支撑：让优秀成为常态

什么是课程管理？课程管理即以课程为对象所施加的决策、规划、开发、组织、协调、实施等管理活动和管理行为的总称。根据课程管理范围的大小，管理性

质、目的和任务的不同,可划分为课程宏观管理与课程微观管理。课程宏观管理是关于一个国家或地区的课程管理活动和管理行为;课程微观管理是一个学校以课程实施为重点的管理活动与管理行为。

如何有效实施课程管理? 基于《上海市幼儿园园长课程管理指导意见》,我们可以从四个方面入手:(1)为什么? 课程管理的目的是提升保教质量,促进幼儿全面和谐发展。(2)做什么? 课程管理的内容包括:编制课程实施方案、加强对教材选用的管理、加强对保教过程的管理、加强对保教质量的监控和评价、建立课程实施的支持保障。(3)谁去做? 园长是课程管理的第一责任人。园长要成为幼儿园课程实践的领导者、指导者、支持者与服务者,教师则是推进课程改革与课程发展的主体力量。(4)怎样做? 涵盖课程管理的各种方法和措施。

表 6-1　课程管理的内容与措施

课程管理内容	课程管理的措施
组织编制课程实施方案	确定"一套计划"——课程实施计划
加强对教材选用的管理	加强"一种研究"——团队螺旋研究
加强对保教过程的管理	强化"一种行为"——课程管理行为
加强对保教质量的监控和评价	完善"一项机制"——课程监督评价
建立课程实施的保障系统	建立"一个网络"——课程研究网络
	落实"一套制度"——课程保障制度
	优化"一种教研"——校园网络教研

一、编制课程实施方案的要素

课程实施方案是幼儿园在一定时期内课程管理与实施的基本依据。各幼儿园要从园情出发,形成一个有完整结构体系、可操作的课程实施方案。管理思路是确定一套课程实施计划,关键词是"层层分解""环环紧扣"。(见表 6-2)

表 6-2 课程实施方案实施步骤

负责人	计划推进步骤			
园长	学校课程 实施方案	学期课程 实施计划	每月课程 管理计划	每周课程 管理计划
教师	班级课程计划	班级月课程计划	班级周课程计划	教师日课程计划

学校课程管理的系统计划保证了学校课程实施的方向。根据幼儿园的发展需求,围绕课程发展愿景与课程目标,从宏观到微观层面,与教师共同建构幼儿园系列化课程实施计划。我们在学校管理层面,主要加强四个课程管理计划的制订和落实,努力让优秀成为常态。

一是拟订幼儿园课程实施方案。根据幼儿园的发展需求,我园遵循《上海市学前教育课程指南》的原则,基于园情,围绕幼儿园课程发展愿景与课程目标,与教师共同建构课程实施方案。近年间,对课程实施方案进行了三次调整和完善。最新调整的课程实施方案,紧紧围绕新颁发的《上海市学前教育课程指南》的精神,形成我园一套比较完整的课程实施依据文本,具有针对性、操作性、可行性。

二是拟订学期课程实施计划。为了保证每学期课程实施的有效性,根据课改的要求,以学校课程实施方案为准则,每学期制订课程计划,并根据课程计划的实施情况,对学校课程实施方案进行适时补充、细化、完善,保证课程实施方案的有效落实,促进各领域课程整体质量的持续提升。

三是拟订每月课程管理计划。为了保证学期课程计划的有效落实,学校课程核心组围绕课程实施方案和学期课程计划有序确定每月课程管理计划,对每月学校各条线的保教工作提出明确的管理要求。

四是确定每周课程管理计划。根据学校月课程管理计划,我们将课程管理计划进行细化,落实每周课程管理计划,明确每周课程管理的目标及要求,保证学校课程教学的有效落实。在幼儿园课程管理方面,力求做到:课程目标层层分解、有序落实;课程管理点面结合、职责明确;操作步骤环环相扣,步步落实。

在教师层面,按照幼儿园课程实施方案及各年度课程计划的要求,要求教师有目的、有针对性地制订各类保教计划,包括班级课程计划、班级月课程计划、班级周课程计划、教师日课程计划等,要求教师的各类计划做到有序推进,有效落实,切实增强教师的课程执行力。

二、加强对教材选用的管理

教材指教师所用的教学指导用书,以及与之配套的教学挂图、音像制品、幼儿辅助读物、操作材料等教育资源。我们的做法是加强"一种研究"——团队螺旋研究。幼儿园以课程领导小组成员为管理核心,定期组织教师对教材进行研究、分析,保证课程教学的深入推进。重点在于"全员参与",研究过程呈现出螺旋式上升的态势。

首先是教师的先行研究。主要以班级为单位,加强对新教材的研究。每学期初采用"自下而上"的形式,加强对新教材集体教学活动的研究和选择,并提交年级组。每个主题开展前,围绕新教材对个别化内容、材料和环境进行研讨,并提交年级组。每月初对新教材"生活和运动"进行研究,并提交年级组。其次是组长的分析提升。各年级组长对各班提交的各类计划进行第一轮指导和审议,并进行论证分析,做好反馈、梳理、汇总工作,提交课程领导小组。再者是课程小组的核心研究。课程领导小组对年级组提交的各类计划进行分析和研究,补充、调整、完善细节,并采用"自上而下"等方式进行落实。最后是课程资料的梳理完善。学校课程领导小组依托各层面教师的力量,按照不同时间节点对课程园本化资料进行梳理和总结,为新一轮的课程实施提供借鉴和支撑,为高质量实施课程积累经验。近年来,我园整理和撰写了五本课程园本化资料:《新手上路帮帮帮》《走进结构世界》《个别化活动方案集》《保育员经验手册》《集体活动集锦》。

三、加强保教过程管理

在加强保教的过程管理方面,我们的做法可以提炼为强化"一种行为"——课程管理行为。它的关键词是"目标清晰""三圆同心"。即重点加强三方面管理:计划管理、"一日活动"实施过程管理、保教效果的分析评估。

首先是加强计划管理。有效制订各类计划是提高保教质量的关键。园长作为课程管理的第一责任人,切实加强对保教计划制订、实施的管理和领导,引导教师重视各类教育计划的制订,有目的、有指向地开展各类课程教学活动。作为园长,定期组织学校相关管理人员对各类保教计划进行认真审阅。同时,借助学校网络论坛,组织相关管理人员加强对各类计划的调研和指导。主要形式有,一是学期初对班级计划调研指导;二是每周五对周计划调研指导;三是每月末对下月月计划调研指导;四是两周对日计划进行调研指导。

其次是加强对"一日活动"实施的过程管理。一日活动管理的内容很多,园长则重视"一日活动"中各个实施环节的管理;拟定符合园情的"一日活动"常规要求或操作细则,保障一日活动各环节的有序性、稳定性。重点落实两种做法:第一,制订每周课程计划,明确课程调研重点。如围绕9月份月课程计划的要求,确定幼儿发展重点调研的内容:洗手。统一明确要求,落实洗手五步曲:卷衣袖、冲水抹肥皂、搓洗时关上水龙头、搓洗部位(手心、手背、手指缝、大拇指、手腕)、捧水和甩水,并将课程计划提前挂于校园网上。第二,成立课程调研小组,查找问题解决对策,主要落实三个层面的调研。一是行政调研,主要人员为园长、副园长、后勤主管;二是条线负责人调研,主要人员为年级组长、保健教师;三是执行园长调研,每周一位教师。要求是三个层面的调研根据幼儿发展的调研内容"洗手"等,深入班级进行调研,做好调研记录,找出各班个性问题,梳理各班共性问题,提出跟进策略。一周后将调研表发至园长、副园长的邮箱。

最后是加强对保教效果的分析评估。主要做好每周课程实施研讨和每周课程网络反馈两方面的工作。在做每周课程实施研讨时,可结合三项调研,开展分层研讨。具体落实到每周五分教学组、后勤组两组围绕调研情况进行汇报、研讨,确定跟进策略,提交下周一园务会议审核。接着下周一举办园务会,围绕两组讨论的意见,进一步研讨、完善和优化。梳理一周课程调研的情况并进行网络反馈。其次,做好每周课程网络反馈。学校课程领导小组根据周课程研讨情况,从保教两个角度分析课程实施的优势和薄弱点,梳理一周课程实施情况,提出整改建议,并将每周课程实施反馈报告挂于校园网,让全园教工自主浏览与自省,确保各领域课程实施的有效性。

四、加强对保教质量的监控和评价

在关注和加强对保教质量的监控和评价方面,我们的主要做法可以概括为完善"一项机制"——课程监督评价,要点在于网罗信息,同时注重常态。提高保教质量是课程管理的最终目的。根据《上海市幼儿园保教质量评价指南》要求,结合幼儿园特点,建立完善自评、互评与他评相结合的保教质量监控评价机制。我们的主要做法有四点。

一是加强自评活动。每月结合教师成长手册,组织教师围绕"保教质量评价指标"中的某一个重点开展对保教质量评价指标的学习和自我评价,从而增强教师有效反思能力,助推教师专业化发展。例如午餐环节,围绕评价指标请教师自评第一次和最后一次评价的情况,写出过程中实施的策略。

二是开展他评活动。围绕《上海市幼儿园保教质量评价指南》,结合教师成长手册,由三个课程调研组结合日常调研活动进行他评。

三是进行幼儿发展测试。采用常态评价和集中评价两种途径。通过定期组织幼儿发展的能力测试,了解各班课程实施的常态效果,了解幼儿一日活动中的能力表现。主要采用日常观察法和每月专题测试的形式,如每月对幼儿生活习惯、礼貌行为、语言表达能力、游戏行为中表征行为、构造行为、合作行为等方面进行测试。通过对测试所获得的信息进行分析,落实跟进措施,就孩子发展态势情况,对教师的课程执行情况给予客观、公正的评价。集中评价2—3次,实行期初、期中和期末的纵向比较。

四是动员家长测评。组织家长每月一次有针对性的问卷调查,及时做好数据汇总——问题分析——研讨会诊——反馈落实等各环节工作。并由家长评价幼儿发展情况,多角度检测课程实施的成效,不断完善改进措施。

五、建立课程实施的保障系统

在建立课程实施的保障系统方面,我们有"一个网络""一套制度"和"一种教研"。

首先是建立"一个网络",即课程研究网络。要点是全面安排,分块落实。为了保证课程的有效实施,建立了学校课程研究的管理网络,共同设计项目计划、共同开展课程实践研究、共同参与课程决策与评估等。学校课程研究网络由8个研究小组组成:课程核心小组、大教研组、年级组、备课组、社团研究组、班级合作组、保育研究组、家长研究组。在课程实施过程中,8个研究组各自承担不同的职责和功能。在8个研究小组的合作研究下,学校课改推进过程中的一个个问题得到切实改进,教师的专业能力得到明显增强。(见表6-3)

表6-3 课程研究小组主要任务表

课程研究组	负责人	主 要 任 务
课程 核心小组	园长	1. 规划幼儿园总体课程,确定课程内容及内容之间的时间和比例;制作不同季节的作息时间和课程安排表;确定各类计划的制订;负责课程与教学的管理与评价;组织有关课程选择和研讨会议;落实课程的配套措施;负责整理幼儿园课程资源库;加强课程建设和管理等。 2. 围绕学校课程实施方案科学制订好每月课程管理计划、每周课程管理计划,针对重点开展调研。每周五围绕一周调研的情况开展课程实施研讨会,及时发现问题及时落实措施,保障幼儿园课程有效开展。

课程研究组	负责人	主 要 任 务
大教研组	业务园长	通过每周一次专题教研或保教常规教研,解决教师课程实施中的共性问题和个性问题,增强教师的课程执行力。
年级组	教研组长	通过每周一次年级组专题教研或保教常规教研,帮助教师解决课改过程的主要问题。
备课组	备课组长	采用"网络研讨和现场教研"两种形式,每周开展集体备课研讨,提高集体备课的质量。
社团研究组	骨干教师	每月开展社团研讨活动,解决教师在集体教学过程中的问题。
班级合作组	班主任	两位班主任每周四开展班级保教工作研讨,加强对课程实施的研究,发现问题,提出策略。同时也加强对各类计划制订的商讨。如学期初,对班级计划进行研究;每月,对月计划进行研究;每周,对周计划和班级工作进行研究。
保育研究组	后勤主管	与保健教师每周围绕学校课程管理计划加强对后勤保育工作的调研和研讨。
家长研究组	家委会主任	学校成立了三级家委会,每月请家长来园参与课程管理、评价和监督。如请家长观摩教学活动,提出评价建议,加强课程建设;请家长参与保教管理,优化课程管理;请家长参与课程评价,保障课程有效开展。

其次是落实"一套制度"——课程保障制度。为确保课程的有效开展,幼儿园制定了系列化的课程管理制度,如:幼儿园课程管理制度、课程实施调研制度、课程质量分析与反馈制度、教研制度、集体备课制度、教师一日活动评价制度、课程实施大检查制度、课程实施半日活动操作流程等,以制度管理保障课程的有效运作。

最后是优化"一种教研"——校园网络教研。为推进课程有效落实,不断改进和完善园本教研制度和工作方式,积极探索"有效教学"机制,逐步形成民主、开放、生动的教研机制,使园本教研成为助推保教质量持续提升的重要举措。我们利用网络实施交互式的集体备课;利用网络实施动态式的教研活动;利用网络实施自主式的师资培训。基于课程后续发展,我有三点思考:一是在实施课程园本化过程中,如何做强学校的特色课程,形成科学、精准的目标体系,还有待进一步加强专题研究;二是如何进一步扎实增强教师的专业素养能力,增强教师的课程执行力,将是幼儿园后续深化课程改革的中心工作;三是如何进一步优化课程评价机制,以科学评价促课程发展,将是幼儿园重点关注的问题。

第四节
家园共育:让家长成为育儿能手

基于"让每个生命绽放精彩"的办园理念和"我的课程"的整体建设,落实教育部等十三部门联合印发的《关于健全学校家庭社会协同育人机制的意见》文件精神,秉持"提升家长科学育儿能力、构建家校社协同育人局面"的目标,构建"学习型·参与型·互助型"的家校社协同教育模式,努力构建幼儿园、家庭和社会三位一体协同育人的发展平台,全面、高质量推进家长工作,做亮特色,绽放每个幼儿的精彩,努力让每个家长成为育儿能手,营造良好的家园共育教育生态。

一、多元主体协同共治

每学期园级家委会围绕"扎实推进日常工作"开工作展,认真落实六项制度,开展系列活动。

(一) 深入推进集中例会制度

学期初召开园级家委会会议,在对上一学期幼儿园家教工作进行总结回顾的基础上,重点介绍每学期幼儿园工作、幼儿园家教工作的计划,并听取家长对新学期幼儿园工作的建议和意见。此外,在园级家委会主席的带领下,各班级家委会主席制订构思每学期工作计划。

每学期召开膳食管理委员会会议,让家长深入了解幼儿各个月膳食营养分析与膳费使用情况,同时围绕不同学期不同季节的幼儿健康、营养不良幼儿、肥胖儿护理等内容展开研讨。

(二) 深入推进对口联系制度

根据幼儿园工作实际,设置亲职教育支持组、健康安全支持组、教育教学支持组,对口联系幼儿园教育教学、后勤安全等部门,保持经常性沟通,家长依据幼儿园各项工作的需求进行支持,或提出一些建设性的意见。家长参与支持幼儿园三八妇女节活动、父亲节活动、春季研学活动、毕业义卖活动、毕业照、毕业典礼等重大活动的策划与组织。家长通过与后勤安全条线的沟通,提出自己对于园所防蚊、膳食等方面的建议。

(三) 深入推进驻校办公制度

充分发挥家长的知情权、选择权、参与权、监督权以及评议权,每学期固定每周五上午为家委会驻校办公时间,共完成 30 余次、60 人次的家委会驻校办公。每个班级家委会成员代表轮流值班,通过"三个一"——巡视一次校园环境、看一次半日活动、和教工家长做一次沟通,认真完成家长驻校办公记录,积极参与到幼儿园监督与建设中。每学期驻校办公的家委会成员都对幼儿园教育活动、校园环境创设等表示肯定,高度评价幼儿园为孩子们所做的一切;同时,也从"他"视角为完善幼儿园工作提出宝贵建议:户外木头路要及时维修,走道中减少无关物品的摆放,运动中进一步加强安全看护,增加传统游戏等。幼儿园珍视家委会的每一条点赞和建议,积极回应家委会履职中的建议和反馈,并落实到当下或未来的幼儿园行动中。

(四) 深入推进家长义工制度

家委会积极发动家长积极参与到校园义工的行列中,在家长自愿的基础上,组织家长参加来园、离园时的护校志愿工作,并做好家长义工信息的核对与管理工作,共同维护幼儿健康安全。每学期全部班级累计有 900 多名家长参与到家长义工行动中,校园、家庭、联防三方携手共同做好幼儿园安全工作,打造平安校园。

(五) 深入推进评价评议制度

结合家委会驻校办公制度,每周五家长对幼儿园校园环境、半日活动等进行过程性评价。结合学期末幼儿园组织全体家长对班级教师的工作进行综合评价,全面了解家长对班级工作的整体评价。

(六) 深入推进参与决策制度

在幼儿园的组织领导下,家委会参与幼儿园发展规划、工作计划等重大事项的决策。在每学期开学的园级家委会会议上进行"金点子"征集,征集家长对幼儿园工作计划和家长工作计划的建议与意见,发挥家委会的决策权,贡献家长智慧。

其中,所有家长对每学期幼儿园工作计划、每学期家长工作计划、每学期家委会工作持支持态度。在意见征集部分,有家长真诚提出:希望可以丰富幼儿园外活动经历和体验,希望在点心选择种类上更加丰富,希望能平衡健康和自身免疫力之间的关系,希望能增强幼儿动手能力,希望幼儿在某方面能有特长发挥,希望可以推荐一些亲子教育的文章。带着这些建议和期望,每学期继续开展亲子活动,开展系列家长讲座活动,增加"我的家庭教育故事"征文,更加丰富我园课程实施。

二、增强家长的育儿能力

(一) 做实家园沟通

学期初,利用家长会、家访等活动让家长了解幼儿园每学期的课程计划与重点,便于做好幼儿经验的衔接。关注亲情教育,借助三八妇女节活动、父亲节活动开展开放活动,让家长到园与孩子共度美好节日时光,增进亲子情感;同时,开展春季亲子研学活动,丰富幼儿园外经历和经验。班主任借助日常沟通、钉钉、孩子通等平台,建立家园互动沟通的信息化平台,做好家园之间的沟通工作,让家长看见、了解孩子的成长。此外,每学期继续借助"家园共育"及其他栏目,向家长发布每周菜肴、健康信息、安全防护信息等,传递育儿理念。

(二) 做好家长讲座

在前期对家长讲座需求调查的基础上,学校邀请华东师范大学教授等专业人士为我园家长开设系列讲座。讲座内容既满足幼儿当下发展需求,又涉及幼儿长远发展需求,根据幼儿年龄发展特点和教育关键期、不同年龄段幼儿发展需求开设了不同讲座。在讲座形式上,充分采纳家长们的建议,线上线下相结合。幼儿园充分运用信息技术平台,采用线上的方式开展讲座,让祖辈和父辈可以在家一同听讲,减少信息差、扩大家长参与面;此外,在分年龄段讲座中,我们也探索家长来园参加讲座,与专家面对面,与专家一对一互动。家长们积极参与,认真记录。通过倾听、参加专业人士的讲座,家长的科学育儿能力得到了增强,受益良多。

(三) 家园双向观察

我园不断优化、完善家园双向观察表,指导家长针对班级共性及个性话题,开展观测和评价,每月设定好一个观测内容,做好在园、在家两者相结合的观测与评价。家园双向观察表包括对幼儿具体行为的观察、幼儿发展核心经验的介绍、发展价值和意义的介绍以及科学育儿的小方法小妙招。每学期,我园家园双向观察表内容共涉及生活自理习惯、自我管理能力、倾听与表达、动作发展、数学与思维能力等多个维度,供家长使用。

(四) 家庭教育周活动

《中华人民共和国家庭教育促进法》规定,每年5月15日国际家庭日所在周为全国家庭教育宣传周。为营造"你我共成长"的家庭教育氛围,值此"家庭教育宣传周"来临之际,在嘉定区家庭教育宣传周活动的基础上,幼儿园开展主题为"携手同育人 共筑'嘉'力量"的活动。活动内容包括:提出创建"学习型家庭"的倡议,学习《上海市家庭教育指导大纲(修订)》,推荐"嘉师有约"家庭教育课程资源库,传播亲子陪伴的重要性,开展"我的家庭教育故事"主题征文活动。共收到 8 篇征文,家长从不同角度阐述了自己在育儿过程中的心得体会与成长历程。

(五) 进行个别化指导

我园继续对营养不良、肥胖等 30 余名幼儿进行持续的观察、记录与跟踪指导,并同步做好家长教育指导工作。同时,通过运动专任教师、班主任和家长共同参与,通过个别化指导方案的家园协同开展,提升幼儿身体素质和全面发展水平。

三、以"五进活动"做优亲子早教活动

我园充分发挥托班部成熟的 2—3 岁课程体系及环境创设,创设符合 0—3 岁年龄特点的早教中心各专用活动室以及教玩具,优化 0—3 岁幼儿亲子活动方案,进一步完善 0—3 亲子早教的活动,高质量地服务区域内婴幼儿及家长。

我园还开展了"五进活动":进园区、进校园、进家庭、进社区、进厂区。每学期我们的亲子俱乐部春季班,面向周边社区 18—24、25—36 个月两个月龄的婴幼儿开展了 6 次系列活动。同时主动向社区开放"科学育儿"讲座活动,将科学育儿理念传递给有需要的家长。幼儿园组织的早教活动赢得了家长的一致欢迎。

四、增强教师家庭教育指导能力

每学期教师队伍家庭教育能力的培养主要围绕以下几个方面:第一,面向全体教师开展未成年人保护的学习活动,增强教师知法、懂法、守法的意识。第二,面向班主任为主的核心团队继续开展自学与带教工作,增强教师实践能力。

(1)鼓励教师自主学习与总结。鼓励班主任提炼日常家园工作的优秀经验,集合成案例参加家庭教育相关的征文或评选,提升教师参与性与成果辐射。(2)以家教经验丰富的经验型教师带教青年教师:以结对带教的形式在一日活动中观摩学习,以家教沙龙的形式定期开展案例研讨、实战演练,提高家园沟通工作的实效性,支持教师成为专业、自信的家教指导人员。(3)结合日常教师与家长沟通中出现的困惑与盲点,开展培训与指导。第三,骨干团队继续开展对家庭教育政策文件、理念方法的学习与理解,在专家指导下尝试申报家教课题,以研究改进行动。

五、擦亮家庭教育名片

(一) 开展"爸妈陪我玩"亲子活动

高质量陪伴孩子是80后、90后家长的需求。"爸妈陪我玩"亲子活动是我园多年来传承的经典亲子项目。结合幼儿园课程安排,学期初向家委会发布每学期课程拟需要家园配合了解的园外资源。基于课程需求,在园级家委会和各班级家委会的带领下,在幼儿园和教师的支持下,"爸妈陪我玩"亲子活动全面开展,共开展13次亲子活动,以小班、中班为主。其中,包括劳动体验活动、自然户外活动、非遗文化活动等。同时,幼儿园积极做好亲子活动方案的收集、活动精彩的微信公众号展示等工作。根据家长和家委会的需求,在"嘉定新城实验幼儿园"微信公众号"家园共育"栏目进行展示交流,共发布13篇亲子活动推文,扩大了幼儿园亲子活动的影响力和覆盖面。

(二) 开展"阅读＋"活动

秉承"让书香飘进每个家庭"的理念,继续优化"图画书漂流活动""小青蛙故事会"等活动,鼓励、支持、指导家长在家庭中开展亲子阅读活动,培养幼儿良好的阅读兴趣和习惯,营造"爱阅读"的家庭氛围。

后 记

　　从 2010 年"基于每个幼儿充分发展的教育过程公平实践研究"课题立项之日起,我们就开始思考如何让每个幼儿都获得公平而有质量的一日生活。借由在幼儿园探索教育过程公平,通过开展每个班级因材施教的研究,努力实现"让每个生命绽放精彩"的办园理念。

　　在持续十多年的探索与实践中,我们对幼儿园课程的理解不断深入。幼儿具有吸收性的心灵,课程是养料,课程的理念与价值取向、课程的内容、课程的组织方式和实施策略等直接影响着孩子的学习能力和学习品质,决定了人才培养的方向。作为幼儿园课程领导者,在遵循国家和地方课程纲领性文件精神的前提下,综合考虑本园实际条件及发展愿景,立足本园幼儿的发展实际及兴趣需要,对课程进行了持续性地主动建构。

　　教育即解放,课程即激活。课程与生命潜能的激活关联,每个幼儿都有其与生俱来的潜能,对幼儿潜能的开发就是促使其不断成长发展的过程。幼儿的成长和发展是曲折的、螺旋式向上的,课程应遵循幼儿潜能发展的规律,重视幼儿自我探索、自我决策的学习过程,鼓励幼儿探索自身潜能,并予以及时有效的支持。

　　课程是尊重差异的。课程应尊重幼儿的个体差异,赋予幼儿基本权利,发现、识别、支持和满足幼儿多样化学习与发展的需求,让每一个幼儿获得全面而可持续的发展。课程应为幼儿提供多元、均衡、互补的各类活动,增强课程的选择性、丰富性和适应性,在差异化实施中让每一个幼儿焕发生命活力、绽放精彩。

　　课程是幼儿主体、师幼共建的。课程的活力源自教师和幼儿的协同参与。课程既要尊重教师的专业性,发挥教师教书育人的天职,也要重视幼儿的参与权,回应每个幼儿的想法。教师观察—倾听—支持每个幼儿,每个幼儿都与教师建立温暖亲密的关系。课程滋养着教师和幼儿,同时,教师和幼儿共同促进课程的持续生成与提升。

课程是关注当下、面向未来的。为国家培育适应未来社会具有综合素养的人,是我校一直以来的追求。脚踏实地、立足当下,充分释放一日活动的课程价值。同时,本园在现实实践的基础上,不断更新当下的课程体系,突破现有课程框架,建构能够引导幼儿未来发展的课程实践体系。

本书是近十多年实践探索成果的较为系统性的梳理,凝聚了很多人的心血。我承担了全书的策划、提纲编写、统稿、审校等工作,并具体撰写了本书的前言和第六章。其余各章节的分工如下:第一章,刘梦莹;第二章,胡晓萍;第三章,陈雪;第四章,刘梦莹、张少灵、陈雪、李芳;第五章,李芳。各章节中"课程智慧"案例由各位教师撰写。

本书是我们嘉定新城实验幼儿园这个充满生机和活力的团队共同努力的成果。本书在编著过程中,得到了众多领导、专家和朋友的支持,华东师范大学出版社编辑老师也为本书的出版付出了辛勤的劳动。在此,一并致以深深的谢意!

陆晔

2024 年 10 月

"品质课程"阅读书目

学校整体课程规划 18 问
学校整体课程规划的七个关键
学校整体课程规划

课程治理现代化丛书

阳光阅读的校本设计与特色创建
CIM 课程：创客教育的要素设计与实践探索
高品质学校课程体系
个性化学校课程体系
家校共育的 20 个实践模式
进阶式生涯教育
跨学科学习创意设计
美术特色课程设计与实施
体育，让儿童嗨起来：悦动体育课程的设计与实施
小剧场学校：激活戏剧课程的育人价值
小课题探究：激活学习方式
小切口课程设计：劳动教育的创意实施

新质课程文化丛书

实践性学习的七重逻辑
面向每一个生命的课程
多模态学科实践
大规模因材施教的课程模式
为未来而学：未来课程的校本建构与深度实施
面向每一个学习者的课程设计
可感的学习经历：习性教育课程体系探索
单元课程要素统整与深度实施
具身学习与课程育人
把学生放在心上：学校课程变革之道

课程治理新范式丛书

以学生为中心的教育治理
实践型学科课程设计与实施
共享式课程治理：集团化办学的课程治理方略
高具身性课程实施：路径、策略与方法
幼儿园课程平衡的九个维度
学科课程与学科实践的整合设计

特色学校聚焦丛书

让个性自然发荣滋长："引发教育"的理论寻源与实践探索
面向每一个生命的教育

让每一个生命澄澈明亮："小水滴"课程的旨趣与创意
新劳动教育：时代意蕴与实践创新
自信教育与个性生长
好学校的精神特质
教育，让个性舒展："有氧教育"的模样与姿态
唤醒教育：触发生命的感动
生命的颜色与教育的意蕴
人格教育的四个关键点
做精神澄澈的教师
做精神富足的教师
匠心学校的精神气质

特色课程建设丛书

幼儿园特色课程的框架与实施
课程是鲜活的："大视野课程"的旨趣与活性
指向核心素养培育的学校课程图谱
让儿童生活在美的世界里：幼儿园全景美育的课程探索
核心素养与学习需求：学校课程建设导引
儿童自然探索课程
幼儿园视觉艺术创意活动设计与实施
连续性课程：特色课程发展的实践探索
幼儿园户外艺术创想活动设计与实施
因材施教与课程设计："我的课程"之旨趣

课堂教学新样态丛书

课堂，与美最近的距离：基于学科核心素养的课堂教学变革
协同教学：意蕴与智慧
决胜课堂 28 招
一百个孩子，一百个世界：基于差异的教学变革
课堂如诗："雅美课堂"的姿态
在教室里眺望世界：基于 BYOD 的教学方式变革
课堂教学的资源设计与方式变革
境脉教学的实践范式与创意设计
任务驱动与学科实践
课堂教学的智慧属性与意义增值："灵动课堂"的六个关键词
如溪语文：诗意流淌的语文教育
I-DO 学习模式的创意与实践
单元学习任务链：深度学习的内在意蕴与创新实践

"一校一策"课程体系建设丛书

课程坐标及其应用：教师专业视角
"一校一策"课程规划
"一校一策"课程实施